EDITORA DO CONHECIMENTO

Auxiliando a humanidade a encontrar a Verdade

O Homem Astral e Mental

O Homem Astral e Mental

Ramatís / Hercílio Maes

Excerto das obras
• *A Sobrevivência do Espírito* • *Sob a Luz do Espiritismo* • *Magia de Redenção*
Ramatís

CONHECIMENTO EDITORIAL LTDA.
Fone: 19 3451-5440
www.edconhecimento.com.br
vendas@edconhecimento.com.br

Organização: Mariléa de Castro
Projeto Gráfico: Sérgio Carvalho
Ilustração da Capa: Banco de imagens

ISBN 978-65-5727-063-9 – 1ª edição - 2020

• Impresso no Brasil • Presita en Brazilo

Dados Internacionais de Catalogação na Publicação (CIP)
(Angélica Ilacqua CRB-8/7057)

Ramatís (Espírito)

O Homem Astral e Mental / obra mediúnica ditada pelo espírito Ramatís ao médium Hercílio Maes ; organização Mariléa de Castro — Limeira, SP : Editora do Conhecimento, 2020.

124 p.

Coletânea de textos retirados das obras:

A Sobrevivência do Espírito.
Sob a Luz do Espiritismo
Magia de Redenção

ISBN 978-65-5727-063-9

1. Espiritismo 2. Vida após a morte 3. Perispírito 4. Poderes da mente 5. Obras psicografadas I. Maes, Hercílio, 1913-1993. II. Castro, Mariléa de III. Título

20-2946 CDD — 133.93

Índice para catálogo sistemático:
1. Espiritismo : 133.93

Ramatís

O HOMEM
ASTRAL E MENTAL

Obra mediúnica ditada pelo espírito
Ramatís aos médium
Hercílio Maes

Coletânea de textos retirados das obras:
A Sobrevivência do Espírito
Sob a Luz do Espiritismo
Magia de Redenção

1ª edição — 2020

EDITORA DO CONHECIMENTO

Obras de Ramatís editadas pela **EDITORA DO CONHECIMENTO**

HERCÍLIO MAES

- A Vida no Planeta Marte e os Discos Voadores – 1955
- Mensagens do Astral – 1956
- A Vida Além da Sepultura – 1957
- A Sobrevivência do Espírito – 1958
- Fisiologia da Alma – 1959
- Mediunismo – 1960
- Mediunidade de Cura – 1963
- O Sublime Peregrino – 1964
- Elucidações do Além – 1964
- Semeando e Colhendo – 1965
- A Missão do Espiritismo – 1967
- Magia de Redenção – 1967
- A Vida Humana e o Espírito Imortal – 1970
- O Evangelho à Luz do Cosmo – 1974
- Sob a Luz do Espiritismo (Obra póstuma) – 1999

SÁVIO MENDONÇA

- O Vale dos Espíritas – 2015
- Missão Planetária – 2016
- A Derradeira Chamada – 2017
- O Sentido da Vida – 2019
- Amor: Encontros, desencontros e Reencontros – 2020

MARIA MARGARIDA LIGUORI

- Jornada de Luz
- O Homem e o Planeta Terra
- O Despertar da Consciência
- Em Busca da Luz Interior

OBRAS COLETÂNEAS:

- Ramatís uma Proposta de Luz
- Face a Face com Ramatís
- Um Jesus que Nunca Existiu
- Simplesmente Hercílio
- A Missão do Esperanto
- A Origem Oculta das Doenças
- O Objetivo Cósmico da Umbanda
- Do Átomo ao Arcanjo
- O Apocalipse
- Marte: O futuro da Terra
- O Além – Um guia de viagem
- A Geografia do Plano Astral
- O Homem Astral e Mental

Coletâneas de textos organizadas por SIDNEI CARVALHO:

- A Ascensão do Espírito de A a Z – Aprendendo com Ramatís
- Ciência Oculta de A a Z – O véu de Ísis
- Evangelho de A a Z – A caminho da angelitude
- Jesus de Nazaré – O avatar do amor
- Mecanismos Cósmicos de A a Z – O amor do Pai
- Mediunidade de A a Z – O portal da Luz
- Saúde e Alimentação de A a Z – O amor pelos animais
- Transição Planetária de A a Z – A chegada da Luz
- Universalismo de A a Z – Um só rebanho

Obs: A data após o título se refere à primeira edição.

"A principal faculdade propulsora na nossa vida astral é o poder mental."

"Não percebestes, ainda, que a vida humana, com suas angústias e torturas, tem por único escopo despertar no homem os poderes criadores do futuro anjo?"

Sumário

Apresentação

Kardec sabiamente alertou que "a revelação é gradual"; ele, grande iniciado e conhecedor, subjetivamente, da vasta gama de conhecimentos ocultos que não se podia oferecer de súbito a uma humanidade à qual recém se descortinava, neste Ocidente cético, as bases da Sabedoria Eterna.

Daí o terem os espíritos e ele utilizado o conceito de perispírito para designar tudo o que se situa, na composição oculta do homem, entre o corpo físico e o espírito imortal.

A revelação gradual que se verificou, pela divulgação de uma infinidade de obras sérias que carrearam os milenares conhecimentos orientais, inclusive pela difusão da ioga, da teosofia, da rosa-cruz etc. no Ocidente, mas também por ditados na área espírita, permitiram trazer à luz a intimidade do "homem invisível" que somos, integrado por diversos veículos ou níveis de consciência – os corpos internos do homem.

O famoso perispírito – conceito didático adequado para a época – desdobrou-se em seus componentes, conhecidos desde a mais remota antiguidade pelos sábios iniciados – os chamados corpos transitórios ou inferiores do homem: o etérico, o astral e o mental.

E então começou-se a falar e estudar o corpo etérico ou duplo etérico (também conhecido como corpo vital), esse veículo feito de energia vital (o prana), ainda físico porém invisível aos sentidos comuns, que representa a "central energética" que abastece o corpo físico denso. Já no Antigo Egito era conhecido e chamado de Ka.

E foi destacado adequadamente o veículo seguinte, o hoje conhecido como corpo astral – o corpo de desejos dos orientais e da teosofia, denominação apropriada considerando-se que é o veículo das emoções. Atualmente, no meio espírita, ainda se utiliza a denominação de perispírito para ele, mas quase ninguém ignora que esse termo abrangia, à época do espiritismo nascente, um conjunto que hoje já pode ser desdobrado em seus três componentes, sem suscitar o espanto e a descrença que naquela época despertaria (o que foi sensatamente evitado pelo Plano Espiritual). André Luis,[1] entre a amplitude inespecífica desse termo e a desconfiança que ainda envolvia o termo "corpo astral" à sua época, preferiu um meio termo sensato, denominando-o de corpo espiritual – e distinguindo-o claramente do corpo mental. Nesta pequena obra, se verificará que perdurou a denominação de perispírito como sinônimo de corpo astral, para ser um referencial para os espíritas. Pouco importa o nome, desde que se tenha claro o conceito de cada veículo. No Egito Antigo, era chamado de Ba. O importante é saber que se trata do homem que sente, esse homem astral, pois efetivamente ele é o nosso veículo das emoções e sentimentos. E por longo tempo ainda hospedará nossa consciência residente no plano astral, ao deixarmos o mundo físico, até o futuro abandono definitivo pela segunda morte, quando passaremos a envergar somente nosso corpo mental concreto.

Na presente obra encontramos explicitadas várias faculdades e poderes do corpo astral, bem como aspectos de sua atuação nesse mundo invisível astralino a que se recolhe a maioria absoluta da humanidade após arquivar o corpo de carne no depósito do cemitério.

Já o corpo mental – corpo mental concreto – ou intelecto, configura o homem que pensa. É o veículo que serve à manifestação do pensamento original do espírito, manifestado através de ondas e formas mentais. Ramatís nos aponta a primazia do pensamento, do homem mental, como condutor de nossos destinos, e trata da geração dessas ondas mentais e formas de pensamento, que estão requerendo urgente atenção da humanidade, porque serão a base das experimen-

[1] Vide a obra *Evolução em Dois Mundos*, no capítulo II – Corpo Espiritual.

tações da Era do Mentalismo que se avizinha. André Luís já lhe assinalou a presença inequívoca, apontando o caminho da pesquisa das obras sérias já existentes, aos espíritas não paralisados pelo sectarismo.[2]

Urge, pois, que tratemos de adquirir intimidade com a natureza e funcionamento desses corpos internos – o astral e o mental – com toda a sua riquíssima gama de fenômenos. Eles operam, no homem, em estreita conjunção, naturalmente capitaneados pelo segundo; nesta obra, foram separados para nosso exame como se faz com as peças anatômicas, ou os sistemas nas lições de fisiologia.

A chegada da Era do Mentalismo requer com urgência que deixemos a periferia dos conhecimentos genéricos e busquemos a intimidade dos fenômenos próprios desses dois veículos. Eis a que se propõe a coletânea desta pequena obra, selecionada entre lições de Ramatís e Atanagildo em livros variados.

Paz, amor e luz a todos os seres.

Um Espírito amigo da Velha Grécia
Por Mariléa de Castro.

[2] Ainda na obra *Evolução em Dois Mundos*, sob o título "Retrato do Corpo Mental", indica em nota: "O corpo mental, assinalado experimentalmente por diversos estudiosos, é o envoltório sutil da mente, e que, por agora, não podemos definir com mais amplitude além daquela com que tem sido apresentado pelos pesquisadores encarnados". Desses pesquisadores, sugere-se a consulta a *O Corpo Mental*, de Arthur Powell, Ed. Pensamento, e *Formas de Pensamento*, de C. W. Leadbeater e Annie Besant. **EDITORA DO CONHECIMENTO**.

O "sentido" da vista no Além

PERGUNTA: — Dos nossos cinco sentidos, qual o que impera no plano em que viveis?

ATANAGILDO: — No mundo astral modificam-se todas as medidas e terminologias terrestres. Não podemos, por exemplo, avaliar as distâncias pelo método que empregais na Terra, pois não temos qualquer apoio geográfico em que nos basearmos, visto vivermos em outras dimensões, que estão submetidas a uma ação energética inalcançável pelos mais altos padrões vibratórios do mundo físico. A nossa atuação se exerce diretamente no mundo "interno", na causa que compõe as coisas e formas conhecidas no mundo terreno. Guardamos a impressão de que fomos transportados para "dentro" do próprio mundo físico em que vivíamos.

Nós operamos na energia livre; nessa mesma energia que "desce" vibratoriamente e se transforma em matéria, ou seja energia condensada, como a denominam os cientistas modernos. O nosso ambiente é interpenetrado por um elemento superdinâmico tão acentuado, que escapa a qualquer focalização dos cinco sentidos físicos; estamos muito além da mais alta vibração do mundo material, assim como a luz, que não pode ser agarrada pelas vossas mãos, o Sol, que não pode ser engarrafado, e os raios X, que atravessam os tecidos e até paredes espessas.

PERGUNTA: — Valendo-se desse elemento astral, qualquer espírito consegue obter esses poderes espirituais de operar na energia livre?

ATANAGILDO: — A principal faculdade propulsora na nossa vida astral é o poder mental; quando podemos aliá-lo a um sentimento crístico bem desenvolvido, descortinamos então os mais deslumbrantes panoramas para as nossas almas e encantamo-nos com os trabalhos criadores que podemos realizar. A vontade disciplinada se nos torna o mais poderoso instrumento, que usamos como um prolongamento vivo dos nossos sentidos astrais, podendo penetrar cada vez mais nos mistérios de nossa origem e destino. Principalmente quando nos encontramos em ambientes tão gratos, como seja o da metrópole do Grande Coração, a nossa maior ou menor capacidade de visão depende fundamentalmente da maior ou menor extensão do poder de nossa própria vontade. Por isso, nem todos os espíritos de nossa moradia conseguem obter a mesma visão das coisas e dos seres; muitas vezes, quando somos agraciados com a presença de notáveis visitantes, provindos dos planos mais altos, certa parte dos nossos companheiros recém-chegados da Terra não consegue vê-los a contento, por não poder situar-se na mesma faixa vibratória elevada. O mesmo fenômeno ocorre também nas zonas inferiores, quando descemos a elas para socorrer os espíritos sofredores; nem todos eles conseguem nos observar, embora afirmem que nos sentem a presença no momento em que os auxiliamos. Trata-se de um fato lógico e compreensível: as frequências vibratórias espirituais muito baixas não podem sintonizar-se às vibrações muito altas, do mesmo modo por que as emissões de ondas curtas, na radiofonia terrena, não podem ser captadas pelos aparelhos de ondas longas.

No momento em que estou ditando estas comunicações, não podeis também registrar em vossa visão física a minha presença, pois estais cercados por uma faixa vibratória demasiadamente baixa e letárgica, como o é a da carne. Se se tratasse de um médium vidente e não do médium de que me sirvo no momento, isto é, de alguém com o perispírito mais deslocado para o "lado de cá", ou que conseguisse elevar a sua frequência vibratória comum até o nível do plano em que atuamos, esse então poderia identificar-nos palidamente, guardando a ideia de que penetrara numa atmosfera de sonhos. E, assim como nem todos os espíritos desencarnados conseguem ver-nos nas mesmas disposições astrais — porque variam seus poderes mentais e qualidades morais — os próprios videntes terrestres não entreveem com toda exatidão os mesmos fenômenos, porque também variam em sua capacidade vibratória, o que lhes dificulta focalizarem cenas do plano astral.

PERGUNTA: — A visão do espírito desencarnado, em vossa metrópole, é semelhante à visão dos nossos olhos físicos, na Terra?

ATANAGILDO: — Na crosta terrena, a visão das criaturas humanas poderia ser mais ou menos boa, se não ocorresse a redução visual proveniente de enfermidades, defeitos ou cansaço dos olhos. Mas, enquanto a visão humana é adstrita exclusivamente aos contornos das formas físicas e somente realizável sob a luz solar ou artificial, no mundo astral nós podemos ver as coisas independentemente de luz, tanto no seu exterior como no interior, tendo a impressão de que as viramos pelo avesso. E o mais importante é que podemos projetar a vista em todos os sentidos, tomar conhecimento de todo e qualquer detalhe, submetendo tudo a um exame que bem poderíamos designar de "visão de profundidade". Acresce que, enquanto os olhos da carne exigem uma direção, dada pelos nervos oculares, para que tenhais conhecimento daquilo que eles podem ver, transmitindo ao cérebro apenas imagens focalizadas diretamente, a nossa vontade age de tal modo, no ambiente, que melhor "sentimos" do que "vemos". Em certas ocasiões de hipersensibilidade, tenho observado que toda a organização do meu perispírito se transforma num maravilhoso campo visual, em que sinto as coisas provindas de todas as direções. Torno-me, assim, um centro de visão em sentido esférico, e capto todos os fenômenos situados ao meu redor, sob a estranha impressão de que vejo tudo com o poder de mil olhos. A necessidade de ver, na Terra, exige a imediata focalização dos olhos sobre os objetos desejados; além disso, para que o espírito possa ter conhecimento do que é focalizado, está na dependência das transformações vibratórias que o aparelho visual deve efetuar, para a devida sensibilidade do espírito. Demais, essas vibrações precisam atingir toda a área do perispírito, para que então a alma tome conhecimento do que os olhos observaram, pois estes, na realidade, significam apenas um acessório, ou seja, um transformador da visão exterior para as vibrações de alta frequência, que são receptivas à organização etereoastral do perispírito.

O nosso poder visual está à superfície de todo o perispírito e, assim, torna-se um captador de imagens em todas as direções. Em lugar de precisarmos de um par de olhos para captarem as imagens e as transmitirem numa frequência vibratória acessível ao nosso espírito, nós, no Astral, as captamos diretamente em sua fonte natural vibratória, levando-as para a contextura do nosso perispírito e dispensando as funções complicadas da visão física.

PERGUNTA: — Supondo que a vossa metrópole seja um ponto astronômico, no Espaço, como veríeis o firmamento, ou o nosso Sol, olhando desse ponto ou local? A sensação seria a mesma que tínheis quando estáveis reencarnado em nosso planeta?

ATANAGILDO: — De nossa metrópole vemos o firmamento da mesma forma como o vedes da crosta terráquea, embora se nos apresente mais luminoso e tão repleto de vida quanto seja a possibilidade de penetração interior de nossa visão espiritual. É óbvio que a sua cor difere profundamente da cor da atmosfera física que envolve o globo terráqueo, porque estamos situados na intimidade dessa visão, limitada, para vós, pelos olhos da carne. Nós sentimos as coisas de outro modo e penetramos com mais eficiência em toda a sua realidade exterior.

PERGUNTA: — Dai-nos um exemplo, para que melhor compreendamos que as coisas vistas pelos nossos olhos físicos são abrangidas em toda a sua extensão e realidade pela visão dos espíritos desencarnados. Podeis fazê-lo?

ATANAGILDO: — Essa maior ou menor acuidade visual interior depende muito do tipo do espírito, pois, à medida que nos elevamos para estados mais sublimes, todo o mundo oculto se nos revela mais intenso e povoado de energias que antes haviam escapado à nossa observação de caráter inferior.

Suponde que vos encontrais observando um vaso contendo água doce, quente, perfumada, e ainda eletromagnetizada.

Que vedes nesse vaso, com os vossos olhos físicos? Sem dúvida, só vedes a água e apenas notais a sua forma incolor, pois se quiserdes sentir-lhe a temperatura, o perfume ou o magnetismo, ou mesmo o sabor, tereis que vos valer do tato, do olfato e do paladar. No entanto, se o meu espírito desencarnado estivesse presente no local, faria uso da faculdade que vos descrevi e poderia captar por todo o seu perispírito, simultaneamente, todas as diversas sensações contidas no vaso d'água, apenas usando a sua vontade na percepção de vários fenômenos ali existentes. Há essa diferença, porque os cinco sentidos do homem não passam de janelas vivas ou aparelhos acessórios que devem transformar os diferentes fenômenos do mundo exterior numa vibração que o espírito desencarnado pode recepcionar diretamente, ao passo que ele não o pode fazer.

É evidente, pois, que na posse do corpo físico ou mesmo liberto dele, o verdadeiro receptor de todas as sensações e fenômenos do mundo físico ou astral ainda é o perispírito. Desse modo, aquilo que percebemos dificultosamente, quando no comando do corpo carnal, podemos captar diretamente, e sem os sentidos físicos intermediários, quando desencarnados.

PERGUNTA: — Tendes, porventura, outra concepção do Sol, por possuirdes uma visão melhor que a nossa?

ATANAGILDO: — O Sol que vedes no firmamento e que vos aquece com os seus raios caloríferos é o mesmo que banha as colônias e cidades astrais existentes em torno do globo terráqueo; no entanto, para vós, é um astro de ação mais física, enquanto que nós o sentimos interiormente, isto é, na sua plenitude astral. O nosso ambiente, por ser integralizado pela substância astral, dispensa a ação propriamente física do Sol, mas recebe toda a sua energia astralina, a fim de se poderem cumprir os objetivos de renovação espiritual dos desencarnados.

PERGUNTA: — Como poderíamos compreender melhor essa diferença de ação do Sol em vossa metrópole, acima de sua expressão comum por nós conhecida?

ATANAGILDO: — Creio que não vos é estranho o fato de o Cosmo todo se encontrar interpenetrado de uma energia que se adensa em torno dos orbes, na forma de substância astral. A começar pelo próprio Sol do nosso sistema, cada planeta ou asteroide possui a sua atmosfera de fluido astral, que o envolve na conformidade do seu volume, rotação e idade sideral. Deste modo, a Terra requer também as energias físicas do Sol, que lhe nutrem a vida física, ao mesmo tempo que a sua esfera astral e invisível, sob considerável dinamismo, também exige essas energias, que devem entreter a sua vida interior.

Nos cursos educativos de nossa metrópole tenho aprendido que os espíritos que findam as suas encarnações na Terra e terminam a sua educação no mundo astral passam, em seguida, para um outro plano ainda mais interior, denominado "mundo mental concreto", onde ainda existe matéria mental mas, de tal sutileza, que lhes atende, instantaneamente, àquilo que pensam e desejam. Explicam-nos, então, que esse mundo mental concreto também está muito além da natureza vibratória do mundo astral, assim como a nossa esfera astral também se encontra muito além dos fenômenos da Terra. E o Sol, como centro de vida e sustentáculo de todo o nosso sistema, continua a alimentar todos os demais mundos "interiores" de vida espiritual, assim como nutre a crosta terrestre, embora a cada um conforme a energia correspondente ao seu meio de vida. Embora o Sol seja, pois, um só, há um Sol físico para a Terra física, um Sol astral para o mundo astral e um Sol mental para o mundo mental concreto.

Penso que o exemplo da água quente, perfumada e magnetizada pode dar a ideia de três estados diferentes num só corpo: calor, perfume e eletricidade, no elemento água, numa graduação cada vez mais delicada, assim como a manifestação do Sol físico é mais grosseira do que a do Sol astral e este também mais rude do que o Sol mental.

É por isso que, na metrópole do Grande Coração, nós haurimos a luz do Sol na sua manifestação mais pura e dinâmica, porque nos movemos num mundo de energias semelhantes, como é o mundo astral. Acredito que a ciência terrena já não mais duvida de que o Sol é antes um foco de luz do que de calor; essa luz é que se transforma em calor, assim que encontra a resistência no "biombo" da atmosfera terrestre, e então chega até vós na forma de raios caloríferos. Assim, a energia principal pura ou dinâmica do Sol é a luz e não o calor, pois este já é energia degradada. Se quiserdes saber por que motivo em nosso mundo astral nós aproveitamos a energia mais elevada do Sol, é só compreenderdes que, enquanto recebeis raios caloríferos, que se filtram através do "biombo" atmosférico da Terra, nós recebemos diretamente o Sol em sua dinâmica natural de luz.

PERGUNTA: — Poder-se-ia considerar que os olhos de carne estão para o mundo espiritual assim como os anteparos estão para a luz material?

ATANAGILDO: — Os vossos olhos não são propriamente anteparos de realidade espiritual e, pelo contrário, significam precisos órgãos que vos permitem a visão grosseira no plano da matéria. Não devemos olvidar que os olhos carnais não são os redutores da verdadeira visão do espírito, nem causam prejuízos ao entendimento exato dos mundos interiores, mas são o resultado de um dos mais avançados esforços da natureza física, a fim de que pudésseis ter noções do mundo físico tão necessário ao nosso aprendizado sideral.

Quando de posse dos olhos de carne, eu atuava no mundo material circunscrito apenas ao que devia servir de lições à alma reencarnada; só podia ver os seres e as coisas desde que meus olhos estivessem sob a iluminação da luz exterior do Sol ou da artificial da Terra. Como homem físico, não conseguia enxergar no escuro, não tendo sequer o privilégio de que gozam os gatos, alguns outros animais e diversos insetos... E isso porque os olhos do homem exigem a luminescência exterior, na medida que lhe foi dada para poder cumprir a sua função vital. Mas, depois que deixei o corpo físico, fiquei surpreendido com a precariedade dos olhos carnais e com a maravilhosa capacidade visual do espírito desencarnado, que se serve especialmente de sua vontade treinada para satisfazer aos seus anelos. Se vos utilizásseis de óculos com lentes bem escuras para contemplardes as paisagens ensolaradas e coloridas das enseadas de Nápoles, Guanabara ou Flórida, é claro que teríeis uma impressão obscura e pobre da realidade; no entanto, assim que vos desvencilhásseis das lentes escuras, ficaríeis surpreendidos diante das indescritíveis belezas que vos ofereceria a visão límpida.

Também me senti deslumbrado diante do panorama soberbo e celestial que se me deparou logo após desencarnar e me desvencilhar dos olhos físicos, pois embora estes prestem excelente serviço no trânsito da vida material, não conseguem revelar as belezas do astral superior, que se situa num campo vibratório muito sutil.

Muitas almas de boa estirpe espiritual confessam que, após a desencarnação, parecia-lhes que viviam num quarto escuro e fora-lhes acesa prodigiosa luz, que lhes descobriu munificente palácio principesco, repleto das mais deslumbrantes dádivas celestiais.

Nós, aqui, somos tomados de imensa piedade para com os cientistas, filósofos ou sábios terrenos que afirmam, enfaticamente, que nada mais existe depois da morte do corpo. Eles acham que a vida real é exatamente aquela que se nota nas formas passageiras do mundo terreno. Mas, quando retornarem ao astral, muito grande lhes será a humilhação ao comprovarem a falsidade de uma concepção tão infantil.

PERGUNTA: — Como é que podeis ver o sensitivo, neste momento em que recebe o vosso pensamento e o passa para o papel? Qual a espécie de vossa visão, neste instante?

ATANAGILDO: — Repito: meus olhos não são mais adstritos à visão limitada do mundo material, que está sujeita à luz solar ou artificial. A luz que me rodeia é muito diferente e ilumina tudo desde o seu interior, e por esse motivo posso penetrar até no recôndito de vossas almas, inclusive a do médium de que me sirvo. Quando olhais um homem, no vosso mundo físico, só podeis vê-lo na sua configuração exterior, porque a luz solar ou artificial só se derrama sobre os seus contornos. É bastante que se faça noite, para que não mais o possais ver, salvo se vos utilizardes da luz artificial. Assim, enquanto os vossos olhos físicos só permitem observar aquilo que a luz do mundo material ilumina, nós tudo podemos ver, graças à luz que há no interior de todas as coisas e mesmo em nossa organização perispiritual.

Eu enxergo o médium neste momento, não como ele o é para vós, mas como o era antes de se reencarnar e como será depois de abandonar o seu corpo numa sepultura, aí na Terra.

Vejo-o em sua figura propriamente espiritual, no seu veículo etereoastral, que serve de intermediário entre o seu espírito e o corpo de carne. A mim, já desencarnado e distanciado vibratoriamente do vosso mundo material, o corpo físico não serve mais de relação, porque tenho contato com o médium através do seu perispírito, que atua no mesmo plano em que eu me encontro liberto.

Noções sobre o perispírito e suas delicadas funções

PERGUNTA: — Em face das dificuldades que na vida física nos impedem de conhecer com exatidão a vida do espírito desencarnado, ser-vos-á possível dar-nos melhores detalhes sobre a natureza do perispírito depois da morte do corpo físico?

ATANAGILDO: — Desde que vos compenetreis de que um espírito não é nenhum fantasma compungido ou consagrado pelas lendas fantásticas do passado, ou um produto virtual da imaginação do médium, julgo bastante conveniente que indagueis sobre a sequência de nossa vida espiritual, o que muito poderá vos auxiliar depois da desencarnação.

PERGUNTA: — Apesar de diversas obras espíritas fornecerem numerosos detalhes sobre a natureza e a estrutura do perispírito, ainda não conseguimos formular uma ideia exata desse corpo astral depois de desencarnado, e por esse motivo gostaríamos que nos auxiliásseis a clarear melhor as nossas ideias a esse respeito. Podeis explicar, por exemplo, como sentis o vosso perispírito ou, então, como ele se vos apresenta neste momento?

ATANAGILDO: — Sinto-me mais vivo; muitíssimo mais vivo do que quando me encontrava algemado ao pesado escafandro de carne, que deixei na sepultura terráquea. Esse corpo sobrevivente e que denominais de "perispírito" é muito mais complexo e de maior valor que o organismo físico, pois o corpo de carne é feito para o homem viver na Terra a média de 60 ou 80 anos; por esse motivo, a técnica sideral o projeta no campo de forças planetárias dentro de uma resistência prevista para essa média de vida. O perispírito, no entanto, é organização definitiva, cuja vida não pode ser medida pelo calendário humano; a sua constituição teve início há alguns milhões de anos terrenos, durante os quais ele veio se plasmando através de todos os reinos da natureza e no seio de todas as espécies inferiores.

Durante esse prolongado mas progressivo desenvolvimento, acumularam-se nele as energias fundamentais, plasmaram-se os órgãos e os sistemas etereoastrais, até ele alcançar o progresso e a sensibilidade suficiente para servir como o mais valioso veículo intermediário entre o mundo invisível dos espíritos e o mundo físico dos encarnados.

Ainda são raras as criaturas que se apercebem da complexidade de todos os órgãos e atividades do perispírito, cujo equipo tanto preexiste ao nascimento físico como sobrevive após a morte carnal.

PERGUNTA: — Segundo temos observado, a maioria das criaturas ainda pensa que o perispírito é um corpo constituído do éter flutuante, que esvoaça à vontade do espírito e não possui qualquer organização ou função que lembre o corpo físico. Que dizeis?

ATANAGILDO: — Não ignoro que algumas pessoas imaginam o perispírito como sendo um bloco de fumaça ou, então, o supõem igual a uma espécie de massa vaporosa e informe, que vagueia daqui para ali, mas que tudo vê, ouve e sente, assim como se um floco de nuvem tivesse inteligência e vida própria.

Se eu fosse uma dessas configurações etéricas esvoaçantes, é óbvio que, neste momento, não poderia levar a minha mão à cintura, como o estou fazendo, pois seria de crer que essa mão afundar-se-ia no seio da massa gasosa de que devia ser eu constituído... Mas a verdade é que, ao apertar minha cintura etereoastral, tenho o sentido do tato, e além disso, uma percepção de vida muitíssimo mais viva do que se estivesse no corpo físico. Encontro-me atuando num campo vibratório excessivamente mais dinâmico e fenomenicamente mais elástico do que o é o plano letárgico e pesadão da matéria.

PERGUNTA: — Então, por que motivo vemos os espíritos tão deformados nas fotografias de materialização?

ATANAGILDO: — Tendes alguma razão na pergunta, pois nas fotografias de materialização dos espíritos, ou ainda durante a produção desse fenômeno, as nossas figuras parecem recortadas no açúcar-cande fluidificado, instáveis e sem continuidade, movendo-se no seio de massas gasosas, como se realmente fôssemos nuvens de algodão com movimentos espasmódicos e deformantes. Bem sei que, às vezes, nos vedes semelhantes a máscaras carnavalescas, cujos olhos, bocas e nariz horrendos não só assustam os neófitos, como ainda impressionam mal muitos frequentadores de sessões de fenômenos físicos que então nos julgam egressos de um mundo mórbido e lúgubre, no qual é provável que só vivamos nos compondo e nos desfazendo incessantemente no seio da fumaça leitosa do astral. Mas tudo isso é consequente de dificuldades no trabalho e por causa dos tipos de ectoplasma de certos médiuns, pois em muitos deles a fluidificação é rude e primária, produzida em centros orgânicos demasiadamente instintivos, sem a sutilização vibratória suficiente para configurar todas as minúcias e contornos de nossa verdadeira configuração perispiritual. Na verdade, a nossa aparência é bem outra, pois os espíritos, quanto mais evoluídos, tanto mais se tornam belos e rejuvenescidos em seu aspecto humano: os seus modos são agradáveis, e eles têm certa graça e leveza que pode ser comparada à delicadeza dos movimentos dos pássaros.

PERGUNTA: — Temos observado que mesmo alguns dos espiritualistas mais estudiosos não escondem o seu constrangimento quando se lhes diz que o perispírito possui órgãos muito parecidos aos que existem no corpo físico. Que nos dizeis a respeito?

ATANAGILDO: — É certo que muitos espiritualistas ainda se escandalizam com essa ideia, que lhes parece absurda, de os espíritos desencarnados possuírem ainda órgãos semelhantes e bem mais complexos do que os existentes no corpo grosseiro de carne. Como se poderá convencer todos os cidadãos do mundo terreno, ante um assunto ainda tão discutido no vosso mundo, como o é o da natureza do nosso corpo desencarnado? De um lado, alguns afirmam que não passamos de massas gasosas simulando mórbidas caricaturas humanas; de outro lado, há os que não nos consideram simplesmente como fumaça astral, mas também não querem admitir a fisiologia importantíssima do perispírito e a sua semelhança com a configuração carnal, porque não podem conceber a ideia de coração, pulmões ou fígado funcionando dentro de um corpo espiritual.

Há os religiosos dogmáticos que nos consideram bandos de almas penadas, sofrendo o castigo das chamas do inferno, ou então como felizes borboletas em eterno voo sem pouso, no seio das nuvens amigas, ou presas no céu a contemplar a "face" de Deus... Há os que creem que detestamos qualquer parente, afeto ou coisa que tenha ficado no mundo terreno do pecado e que, por isso, não abandonamos o céu para visitá-lo afetuosamente. Outros consideram-nos como prolongamentos vivos de nossos ideais e responsabilidades, vivendo em ambiente sensato e sem hiatos violentos, possuindo corpos adequados às relações com o meio astral, porém temem-nos como espantalhos ou figuras doentias e caricatas de um mundo melancólico.

PERGUNTA: — Mas guardais ainda a sensação de estardes ligado a um corpo com exigências orgânicas semelhantes às da natureza carnal?

ATANAGILDO: — É mister compreenderdes que os órgãos do corpo físico, como já tenho dito por diversas vezes, são apenas cópias resumidas dos modelos ou das matrizes orgânicas esculpidas na substância etereoastral do perispírito e que há muitos milênios constituem a sua exata fisiologia.

Neste momento em que me comunico convosco — não tenhais dúvida! — estou sentindo o meu coração a bater, num ritmo perfeito e facilmente controlável pela minha própria força mental desenvolvida; posso acelerá-lo ou reduzi-lo em seus movimentos de diástole e sístole. Basta impor-lhe a minha vontade e esse magnífico órgão etereoastral modificará o padrão de sua pulsação comum no ambiente em que vivo, coisa que ainda não podeis fazer com o vosso coração carnal, embora eu vos possa afirmar que, no futuro, o homem físico ainda venha a alcançar esse resultado tão admirável.

Atualmente, os homens terrenos aceleram inconscientemente os seus órgãos físicos quando atuam nos seus originais existentes no perispírito; mas, infelizmente, não o fazem por maturidade espiritual e sim através da violência, do desregramento ou da irascibilidade, ou como consequência da cólera, do ódio, do ciúme ou do amor-próprio ofendido.

Não tendes observado, porventura, que as criaturas que mais sofrem dos intestinos, do duodeno ou do fígado são geralmente as que mais se queixam de ser muito nervosas ou de exagerada sensibilidade? A verdade é que elas são mental e psiquicamente muito descontroladas e, por isso, vivem molestando os órgãos do perispírito e lesando continuamente as suas contrapartes físicas.

PERGUNTA: — Pensamos que o vosso atual equilíbrio perispiritual é devido em grande parte aos estudos mentalistas a que vos dedicastes quando ainda vos encontráveis encarnados. Não é assim?

ATANAGILDO: — Tenho insistido em vos dizer que não se alcança santificação nem se consegue genialidade a toque de magia ou de ociosidade mental. Sem dúvida, a Terra é nossa escola primária de educação espiritual e ai daqueles que subestimam os seus valores educativos, na crença ingênua de que depois irão desenvolver todos os seus poderes no Além. Sei que muitas criaturas do vosso mundo vicejam pelo catolicismo, pelo protestantismo, pelo espiritismo e círculos esotéricos, mas se desinteressam de qualquer estudo ou leitura aproveitável, que lhes desperte outros valores além da cômoda contemplatividade sectarista. Evidentemente, esperam o pretenso milagre que lhes compense a ociosidade mental e os torne senhores da mente, assim que abandonarem o corpo físico, que acreditam ser a verdadeira causa do seu embaraço psíquico na Terra. Quando me encontrava encarnado pela última vez, estudei muitíssimo a ciência da respiração iogue; então eduquei a vontade e a apliquei poderosamente sobre todas as zonas respiratórias, conseguindo acentuado poder sobre os meus pulmões. Com esse exercício disciplinado, consegui também o controle mental dos pulmões originais do meu perispírito.

Através de certo método da ioga, que não me cumpre

descrever nesta obra, eu havia também aprendido a descarbonizar o sangue e torná-lo mais puro, aproveitando com êxito tanto o oxigênio fluente da corrente arterial, como libertando imediatamente as cotas oxigênicas que na corrente venosa se uniam na forma de anidrido carbônico.

Também costumava inundar completamente de ar os pulmões, operando através da respiração baixa, média e alta, tão familiar aos "hata-iogues", para que a mais diminuta quantidade de ar, purificado pela mente e controlado pela vontade, pudesse atingir o extremo do ápice pulmonar e expulsar qualquer resíduo nocivo à integridade pulmonar e à renovação sanguínea. Como os pulmões físicos são cópias exatas dos pulmões do perispírito, é óbvio que, neste exercício energético e perseverante, eu não só ativava os órgãos carnais e purificava todo o sistema respiratório, como ainda obtinha excelentes resultados no aprimoramento dos próprios pulmões perispirituais, que hoje me relacionam otimamente com o meio astral.

É evidente, pois, que devo muito do meu equilíbrio perispiritual à feliz conexão entre as minhas forças mentais, algo desenvolvidas, conjugadas propositadamente ao metabolismo psicofísico respiratório.

PERGUNTA: — Podeis nos informar se os desencarnados se preocupam também com a saúde do perispírito, assim como procedemos para com o corpo físico?

ATANAGILDO: — Isso é evidente, pois quando fui recebido na metrópole do Grande Coração, os técnicos examinaram as condições de minha saúde etereoastral e felicitaram-me pelo excelente estado dos meus pulmões, cuja limpidez e transparência — asseguraram-me — os faziam parecidos a dois órgãos confeccionados em lâmina de cristal iluminado. Não registro este fato a título de vaidade tola, mas apenas para lembrar-vos de que sempre colhemos os resultados exatos de nossa boa ou má semeadura.

Não posso eximir-me de vos informar que devo muito de minha saúde perispiritual ao fato de ser sistematicamente adverso ao uso do fumo, do álcool e das toxinas provenientes de gorduras normalmente provindas das carnes de animais abatidos. Embora através do perispírito eu guarde ainda a sensação de possuir um corpo lembrando algo do metabolismo carnal, não vos posso descrever a plenitude do meu gozo sideral, em face da circulação astral se encontrar desimpedida de qualquer estigma terreno.

Baseando-vos no peso e na constituição rude do corpo material, tendes razão em opor dúvidas ao que vos exponho; mas o homem futuro, depois que for senhor de uma forte vontade esclarecida, manejando conscientemente o seu potencial de forças mentais, saberá restabelecer-se, também, de suas enfermidades e submeter todos os seus órgãos materiais à direção completa do espírito.

PERGUNTA: — Mas vos guiastes por alguma doutrina espiritualista ou vos submetestes a experimentações técnicas, por nós conhecidas, para conseguirdes o vosso desenvolvimento psicomental?

ATANAGILDO: — Examinei a fundo todas as fontes espiritualistas que me pudessem abrir clareiras no denso cipoal da vida humana; entreguei-me disciplinada e tenazmente às práticas respiratórias e às purificações mentais. Aprendi a absorver o magnetismo vitalizante do ambiente ou o tradicional "prana", como o designam os orientais, treino que me foi utilíssimo após a desencarnação. Adotei a alimentação vegetariana e repudiei sempre todos os alimentos intoxicantes, perniciosos à saúde humana, e que fatalmente seriam também nocivos à harmonia do meu perispírito. Evitei a submissão fanática a qualquer seita, bem como o arrendamento incondicional de minha pessoa a qualquer instituição religiosa, não obstante reconhecer todas as suas extraordinárias contribuições em favor da Verdade.

PERGUNTA: — Quereis dizer que, embora sejamos portadores de virtudes que nos elevariam a planos superiores, ainda teremos de sofrer as consequências de certos descuidos com os principais órgãos do corpo físico; não é assim?

ATANAGILDO: — Se credes, realmente, que todos os órgãos do corpo físico são duplicatas exatas ou cópias perfeitas dos originais existentes no perispírito, também haveis de compreender que tanto o zelo como o descaso humanos produzem efeitos duradouros nesses órgãos tão delicados e valiosos. No caso do cigarro, por exemplo, embora o fumar não signifique pecado contra Deus, há a considerar que, quando o fumo se carboniza, desprende substâncias etereoastrais, que então agridem os pulmões delicadíssimos e causam dificuldades ao espírito após a desencarnação.

PERGUNTA: — Dissestes há pouco que, quando na Terra, já havíeis aprendido a dominar os vossos órgãos respiratórios, para o que muito contribuíram os vossos estudos espiritualistas. No entanto, a maioria dos religiosos, e mesmo alguns espíritas, descreem de tal êxito. Que nos dizeis a esse respeito?

ATANAGILDO: — A vontade desenvolvida e a mente disciplinada com dignidade tanto podem remover os empecilhos do corpo físico, como controlar as próprias operações dos órgãos autônomos e desenvolvê-los a contento de uma visão sadia. É claro que devem descrer de tal possibilidade aqueles que ainda não conseguiram o domínio espiritual de si mesmos, esperando talvez que algum mago de feira lhes desvende em praça pública os mistérios que sempre foram guardados sob o respeito das instituições iniciáticas, ou os poderes conquistados por almas sensatas e heroicas. Os estudos nesse sentido são sempre apreciados pelos orientais porque eles não se deixam condicionar exclusivamente aos fenômenos transitórios dos cinco sentidos.

Como já deve ser do vosso conhecimento, alguns faquires têm sido submetidos a experiências em determinados centros médicos da Europa e, embora se trate de experiências corriqueiras e por vezes até indesejáveis, eles hão comprovado a força real do pensamento ao demonstrarem absoluto controle mental sobre o metabolismo de seus corpos físicos. Convém lembrar os casos daqueles que se deixam enterrar vivos, em estado cataléptico e algo parecido à moderna hibernação científica. Magos há que aceleram ou retardam a sua pulsação cardíaca, atuando deliberadamente nos centros térmicos de seus organismos, produzindo temperatura gélida ou quente; outros invertem as funções peristálticas do intestino e apressam a diurese ou a produção de sucos gástricos e pancreáticos. Se alguns homens sem grandes atributos crísticos, mas teimosos e tenazes em sua disciplina física, conseguem exercer domínio e controle em seus corpos carnais, dirigindo-os a seu bel-prazer, é claro que esse domínio, aqui no astral, pode ser alcançado de modo mais positivo e com absoluto sucesso, porque já estamos livres das algemas da carne.

Esses fenômenos são conseguidos em vosso mundo pela feliz atuação da vontade treinada sobre o perispírito e, em consequência, os órgãos etéricos deste último reagem nas suas cópias físicas sustendo funções ou incentivando o dinamismo material. Sabeis que, em hipnose, o paciente, ao receber sugestões imperiosas do hipnotizador, e agindo através de reflexos condicionados, atua nos seus centros térmicos e tanto pode baixar como elevar sua temperatura, sob a vontade daquele que o induz a sentir frio ou calor. Sabeis ainda que a vontade do hipnotizador pode fazer regredir a personalidade adulta do hipnotizado, obrigando-o a escrever até com as próprias garatujas que lhe eram próprias na longínqua infância.

Se mesmo através de representações corriqueiras, em palcos públicos, fica demonstrada a capacidade mental que o homem pode atingir por meio apenas da perseverança e tenacidade, imaginai, então, o que podemos realizar com a sabedoria do espírito, visando fins nobres.

PERGUNTA: — O que nos informastes, relativamente à existência de órgãos no vosso perispírito, como sejam coração, fígado, estômago e intestinos, nos deixa algo intrigados, pois supúnhamos que já estivésseis isento de qualquer função fisiológica, em face de o vosso corpo ser espiritual.

ATANAGILDO: — Preliminarmente, cumpre-me lembrar-vos de que o meu corpo espiritual nada tem de excepcional, em relação aos vossos, senão a durabilidade, pois é organização definitiva. Acresce que a nutrição perispiritual se exerce mais pelo fenômeno da osmose magnética, por absorção e eliminação do magnetismo do meio ambiente. No entanto, conforme o grau de materialidade do espírito recém-chegado da Terra, ele exige recursos afins e grosseiros para atender ao seu metabolismo astral, ainda fortemente condicionado às funções também grosseiras do corpo físico. O perispírito é possuidor de um automatismo permanente, consequente da onda de vida que flui por ele e o alimenta, automatismo esse que teve o seu impulso inicial há muitos milênios. Por causa desse poderoso impulso, que não só sustém coeso o perispírito como torna sensível a sua memória etérica e alicerçada a consciência individual do espírito, não é possível destruir-se essa delicada e importante organização. Embora muitas almas delinquentes sofram horrores na Terra e por isso se desesperem, a ponto, às vezes, de pretenderem extinguir-se definitivamente como entidades conscientes, isto lhes é impossível, em face de jamais poderem neutralizar a onda vital que se formou alhures, na maré da vida planetária. O perispírito é um organismo tão sábio, que é capaz de corrigir quase todos os descuidos do espírito e obedecer docilmente às leis imutáveis que lhe regulam o intercâmbio entre o mundo espiritual e o material. Esse automatismo, tão sábio e eficiente, transfere-se para o corpo físico em cada encarnação do espírito, a fim de que possam ser controlados os fenômenos que podem dispensar o consciente.

PERGUNTA: — Podeis explicar mais claramente esse "automatismo" do perispírito?

ATANAGILDO: — Para o compreender melhor, basta notardes que, sob a ação do automatismo milenário do perispírito, o homem não precisa pensar para dormir ou andar, nem precisa cogitar de promover a assimilação nutritiva e a produção de sucos ou hormônios, dispensando também o controle pessoal dos fenômenos excretivos de toxinas, suores e substâncias perigosas à integridade física. O vosso corpo, neste momento em que me comunico convosco, realiza centenas de funções, sem que vos seja preciso intervir no fenômeno; não é assim? Graças a essa inteligente direção e capacidade de controle automático e milenário do perispírito, todos os dispêndios e recuperações de energias se efetuam sob elogiável disciplina e se destinam ao mais breve progresso e aperfeiçoamento do espírito. A prova da existência desse automatismo sábio do perispírito, podeis tê-la durante o seu afastamento no processo de anestesia, quando cai a temperatura do corpo físico e diminuem as suas funções orgânicas, como se o patrão se afastasse do estabelecimento e os empregados negligenciassem no serviço...

Essas energias próprias do perispírito mais se ativam durante o verão, estação muito conhecida pelos astrólogos sob a designação de "Grande Crescente", época na qual o magnetismo perispiritual se torna mais ativo e então as unhas, os cabelos e os pelos crescem mais rapidamente do que no inverno. Há povos que obedecem tão rigorosamente a esse "crescente", que possuem cabelos vigorosos e unhas fortes, porque só os cortam rasos no inverno, em perfeita harmonia com o tempo de poda da vegetação comum. Eles sabem que, se os cabelos forem cortados no verão, perder-se-á grande quantidade de seiva que, no crescente, sobe mais vigorosamente e depois fará falta ao vigor da cabeleira.

O conhecimento avançado dessa maravilhosa organização, que é o perispírito, do qual a maioria dos homens ainda ignora o alto valor, permitir-vos-ia solucionar muitos dos problemas como paralisias, epilepsias, doenças desconhecidas e distúrbios nervosos, porque ele é realmente o principal organismo onde está sediada a onda da vida que flui pelo sistema solar e depois através dos planetas e da Terra, para então se infiltrar pelos reinos inferiores, nutrindo o reino vegetal, o animal e o hominal.

Convém que destaquemos a grande importância e preponderância do perispírito sobre o corpo físico, pois ele é a matriz, o molde, ou seja, a origem exata da organização de carne e o "detonador" de todos os demais fenômenos corporais projetados pela mente humana. Eis porque, em suas funções etereoastrais, ele também possui coração, fígado, baço, rins, pâncreas, estômago e intestinos, de substância idêntica à do meio astral, inclusive as reminiscências de alguns órgãos físicos já atrofiados e alguns novos projetos de acessórios orgânicos que servirão ao homem do futuro.

PERGUNTA: — Certa vez, ao tocardes ligeiramente neste assunto, empregastes a expressão "queda específica do perispírito". Que quer dizer isso?

ATANAGILDO: — O perispírito, sob ação mental, elevada, respira aprimorado magnetismo; mas, submetido à violência psíquica e emotiva, debilita-se e intoxica-se, tornando-se, então, ponto convergente das energias do baixo astral. O seu magnetismo, quando se adensa, aumenta-lhe o peso específico, isto é, o seu peso normal e natural, fazendo-o precipitar-se nas regiões infernais, enquanto que, atuado por pensamentos sublimes, ele se adelgaça e se purifica, elevando-se para os mundos felizes, logo em seguida ao abandono do corpo físico. Nesse fenômeno da ciência transcendental, constata-se a justeza do ensinamento de Jesus, quando afirmava que "os humildes serão exaltados e os que se exaltarem serão humilhados".

O Mestre aludiu veladamente ao peso específico do perispírito, que tanto se adensa na exaltação da cólera ou do orgulho, como se afina e se eleva na humildade e na bondade. A cólera revela fraqueza de espírito e, portanto, comprova debilidade de caráter, pois aquele que se encoleriza perde a direção do seu comando mental em favor dos impulsos do instinto animal; obscurece-se a sua mente e se aniquila a vontade. O arrebatamento irascível semeia a discórdia e conduz à revolta, transformando o homem racional num louco momentâneo. Por isso, quando o perispírito é submetido a tal processo pelo homem exaltado e desgovernado, enche-se de sombras e fulgores sinistros, que depois o sobrecarregam da fuligem gasosa do baixo astral, para onde então se inclina em "queda específica", por causa do aumento do seu peso magnético.

PERGUNTA: — Mas é óbvio que, se o vosso corpo atual possui intestinos, fígado, pâncreas etc., não é porque precisais deles; não é verdade? Não nos parece que tenhais de atender ainda a qualquer metabolismo semelhante ao que se registrava no corpo carnal que deixastes na Terra.

ATANAGILDO: — O fato de eu dizer que possuo órgãos semelhantes aos do corpo físico não implica em afirmar que o metabolismo do perispírito é perfeitamente idêntico ao do corpo carnal. Esses órgãos continuam a servir-me, mas em funções algo semelhantes às dos órgãos da matéria, e não iguais, pois a nutrição do perispírito é outra, e bem diferente, de acordo com o mundo astral que passa a habitar. Seria inconcebível que, de posse de um corpo fluídico, eu continuasse a ingerir substâncias idênticas às que fornecem as mercearias, as padarias e os açougues da Terra. Durante a absorção prânica, ou seja, de energia magnética do astral — na qual eu já me havia exercitado no mundo físico — processam-se no metabolismo do perispírito transformações químicas muito mais acentuadas (e de natureza transcendental) do que as que se registram para alimentação e sustento do corpo de carne. Os resíduos das substâncias astrais consumidas pelo perispírito também precisam ser expelidos para o exterior, dissolvendo-se no meio ambiente através de um processo que denominamos de "emanações residuais". Há muito tempo já me ajustei a essa alimentação magnética, e só quando desço para as regiões do astral inferior é que me sirvo de sucos etéricos de frutas, ou mesmo de caldo de essências reconfortantes, pois nos postos socorristas, próximos aos charcos, só se encontram horríveis alimentos pastosos, que exalam um odor semelhante ao de carnes fervidas, visto que só assim se pode satisfazer o apetite de infelizes desencarnados que ainda se lembram de suas alimentações prediletas, da Terra, sofrendo atrozmente por não se acostumarem a outra alimentação.

PERGUNTA: — E esses órgãos do perispírito, algo semelhantes aos do organismo físico, permanecerão definitivamente no corpo perispiritual?

ATANAGILDO: — A medida que o espírito vai ascensionando para esferas mais distanciadas da matéria, os órgãos do perispírito vão se atrofiando pelo desuso; mas, enquanto ele ainda necessita de encarnações nos mundos físicos, é óbvio que precisa manter em atividade os órgãos do seu perispírito, que são as contrapartes etéricas, exatas, dos mesmos órgãos físicos. Quando se trata, porém, de espíritos de certa elevação, que já se habituaram com a nutrição astral e estão entrosados na vida sutilíssima do plano mental, o perispírito vai se tornando obsoleto, e então se encaminha para o fenômeno da "segunda morte", no mundo astral, porque tais espíritos não só já se imunizaram contra as emoções humanas alimentadas pelos fluidos astrais do "mundo dos desejos", como também estão dispensados em definitivo dos renascimentos na carne. Então, passam para o plano mental concreto, que lhes é imediato, onde o espírito passa a viver instintivamente tudo aquilo que criou e pensou.

Tudo isso prova a justeza da lei de que "a função faz o órgão" pois, como já expliquei, as matrizes originais do perispírito modelam os órgãos do corpo físico em cada nova encarnação, mas futuramente eles se atrofiam pelo desuso no ambiente astralino. Só então a alimentação do espírito será exclusivamente mental e ele poderá dispensar o perispírito e poupar os cuidados para mantê-lo ativo a fim de servir às reencarnações futuras. É claro que, alcançando tal progresso, e habitando definitivamente um plano tão sutil, o espírito poderá dispensar o uso de fígado, estômago, intestino, rins, dentes e uma infinidade de cuidados como os que precisais ter com o vosso corpo carnal.

Daí, pois, os motivos principais por que eu também ainda me encontro na posse de um perispírito portador de órgãos etérico-astrais, parecidíssimos com os que exercem função no organismo de carne. É esse organismo etérico sobrevivente e tão destro que ainda deverá servir-me como abençoado instrumento de ligação com a carne, na minha próxima encarnação no Brasil, mais ou menos pelo ano de 1970. Se mais tarde algum de vós me identificar na cidade de São Paulo, onde renascerei, acredito que há de se defrontar com um bebê robusto, pois serei dotado de uma excelente saúde e, principalmente, de um coração tão sadio e equilibrado quanto este que palpita agora no meu peito e que será o molde original do mesmo órgão físico de carne.

Asseguro-vos que deverei ter também muito equilíbrio psicofísico, porque nos materializamos na Crosta em perfeita conformidade com o produto de nossas criações espirituais e mentais. E como tenho me mantido algo regrado e zelado bastante pelas energias do meu corpo perispiritual, a lei cármica permite-me o direito de possuir um organismo de acordo com esse zelo e cuidado.

Revitalização do perispírito no Astral - Processos empregados

PERGUNTA: — O perispírito, no mundo astral, necessita de cultivo, assim como o nosso corpo necessita de cuidados profiláticos e, principalmente na juventude, de exercícios que o revigorem, para ter uma vida longa e resistente?

ATANAGILDO: — No Além, a vida se desenrola de conformidade com os nossos próprios desejos. Nas esferas mais altas existem magníficos cenários e outras agradáveis criações que proporcionam ao espírito uma vida de felicidade, ao passo que as almas rebeldes são obrigadas a viver nas regiões inferiores, abaixo da crosta terráquea, onde, por falta de cultivo, edificam as suas comunidades sombrias e promovem detestáveis intercâmbios de violência, capciosidade, vilania, luxúria e vingança, formando um reino torpe e desregrado.

Eis porque em nossa metrópole, pela necessidade de se manter o perispírito em equilíbrio com o meio em que ingressou, se estabelece disciplina para os recém-chegados e débeis de vontade, a fim de que, cultivando o espírito, possam sustentar-se no meio energético e ajustar-se mentalmente ao alto teor vibratório do ambiente em que se encontram.

PERGUNTA: — Mas existe alguma disciplina especial para se manter a sanidade do perispírito, sob processo que nos pudesse lembrar, por exemplo, o gênero desportivo na Terra?

ATANAGILDO: — Porventura, não existe em vosso ambiente material uma disciplina especial quando se trata de operar um enfermo ou de praticar a hipnose, a telepatia ou o magnetismo curador? Se fosse dispensável a existência de uma disciplina especial, nas coletividades astrais, para despertar nos desencarnados os seus poderes mentais e as suas energias vitais, que tanto subestimam na matéria, é claro que também poderíeis dispensar os métodos e cursos que existem na Terra para o exercício da medicina, da telepatia, do mediunismo, da hipnose e do magnetismo terapêutico que, indubitavelmente, também são disciplinas criadas especialmente para isso.

E como os desencarnados aportam à nossa esfera espiritual grandemente desvitalizados em seu perispírito, pela ignorância do mecanismo "magnético-respiratório", que é o responsável pela absorção energética do meio ambiente astralino, são eles submetidos aqui a uma espécie de "helioterapia", ou seja, um tratamento e um exercício baseados na atuação da força astral do Sol em nossa comunidade. É um curso orientado por inteligentes instrutores e que tem dado excelentes resultados já comprovados pelos moradores da metrópole, muito nos ajudando a desenvolver as energias circulatórias do perispírito.

A nossa metrópole conta com alguns departamentos no gênero, cujos cursos e exercícios têm por finalidade ensinar o aproveitamento inteligente do magnetismo astral do Sol; esse aproveitamento tanto nos auxilia a ativar o dinamismo do perispírito, como ainda nos apura a sensibilidade para mais eficiente contato com o meio e mais clareza no intercâmbio emotivo com os seus moradores. O homem comum ainda ignora que o nosso perispírito é muitíssimo complexo, particularizando-se por sistemas delicadíssimos, que são responsáveis pela produção de força, luminosidade, cores, magnetismo e temperatura, elementos estes que precisam ser ativados e disciplinados, principalmente naqueles que ainda são fracos de vontade e débeis de energias para futuras reencarnações.

Uma vez que o planeta Terra — embora seja ele considerado um mundo inferior — tem uma vida regulada por uma série de leis e disciplinas irrevogáveis, que coordenam as suas atividades e forças rudimentares, não é de estranhar o fato de existirem métodos pedagógicos nos planos mais sutis, onde a organização humana ainda é muito mais delicada.

PERGUNTA: — Sempre acreditamos que, após a desencarnação, o desenvolvimento do perispírito dependeria tão-somente da sua energia mental ou do próprio pensamento do espírito, o que lhe seria mais fácil de conseguir por se encontrar desencarnado. Daí a nossa natural estranheza quando nos descreveis situações que nos parecem muito triviais para a capacidade e natureza das almas desligadas da matéria.

ATANAGILDO: — Sem dúvida, a mente é o fato principal em nossa atividade espiritual, seja qual for a latitude geográfica ou cósmica em que nos situemos; ela é a força propulsora com que ativamos a nossa consciência. A mente desequilibrada é fonte de enfermidades no perispírito, produzidas pelas paixões destruidoras; portanto, empregando inteligentemente essa valiosa força mental para extinguirmos a vaidade, a maledicência, o medo, a melancolia, a cobiça e outros sentimentos que podem ferir a delicadeza do corpo etereoastral, é claro que também extirparemos os grandes males que o atacam comumente.

Mas acontece que só depois de desencarnados é que realmente começamos a perceber a nossa grande ignorância com relação ao potencial assombroso que significa o nosso pensamento. A própria prece que fazemos quando encarnados é coisa muitíssimo distante de sua natureza real vibratória, que só no mundo astral podemos avaliar. Também não vos deveis assustar se algum espírito vos disser dos cursos de "prece-sofia" que existem nos planos mais elevados, destinados a ensinar aos tardos de entendimento o sistema de afrouxarem a "musculatura etérea" do perispírito, para darem curso livre às vibrações elevadas da prece.

PERGUNTA: — Então, são apenas os sentimentos baixos que ferem a delicadeza do corpo etérico-astral? Ou militam para isso outros fatores?

ATANAGILDO: — Não são só os sentimentos baixos, como a maledicência, a inveja, a sensualidade, a prepotência, o orgulho etc., que prejudicam a organização perispiritual, mas também os vícios do corpo carnal, tais como o do fumo, o do álcool, bem assim a ingestão de carne de animais.

A ignorância do homem obriga-o a despejar goela abaixo os mais detestáveis corrosivos alcoólicos, provindos tanto dos frascos luxuosos como das garrafas singelas; ou, então, o faz se banquetear com carnes cultivadas na imundície dos chiqueiros ou no lodo repulsivo dos galinheiros. Quase não se verifica diferença entre a tolice dos primatas e os vícios do civilizado: o bugre vive no seio da mata virgem, seminu, mascando folhas de ervas e cuspindo a todo momento por entre os arvoredos frondosos; o civilizado, apesar do requinte de seus trajes caríssimos, ainda imita o bugre, pondo-se a aspirar a fumaça de folhas de fumo, enrodilhadas, na forma de vistosos charutos, cuspindo em caixas de areia... Se se trata de um campônio ou de um velho curtido pelo vício, vemo-lo com o lábio inferior distendido pelo peso do cachimbo malcheiroso, carcomido pelo fogo e pelo sarro; se se trata de um operário pobre, vemo-lo enchendo os pulmões com o picumã do cigarro de palha, de fumo ordinário...

E assim o homem vai esbanjando não só as suas forças vitais, como prejudicando o seu perispírito, no desconhecimento das leis que regulam o divino mecanismo da vida.

PERGUNTA: — Supomos que existem boas exceções nesse sentido; os esoteristas, os teosofistas e muitos espiritualistas das diversas correntes existentes neste mundo são avessos ao uso de bebidas alcoólicas, ao vício do fumo e à ingestão de carne de qualquer espécie; não é verdade?

ATANAGILDO: — Não me refiro a esses homens, mas sim àqueles que se entregam aos vícios de que estamos tratando, entre os quais há muitos que ironizam até tudo aquilo que se lhes diz sobre a conservação da saúde do corpo e da alma, pois que isso ultrapassa os limites do conhecimento de seus esqueletos acolchoados de carne. Refiro-me aos que subestimam a disciplina da educação espiritual e o desenvolvimento das forças internas, atravessando a vida humana a cometerem os maiores desatinos contra si mesmos, pois a sua força de vontade é arrastada pela força do instinto, das paixões animais.

PERGUNTA: — E essas coisas podem causar-lhes tantas

perturbações no mundo astral?

ATANAGILDO: — Sem dúvida, pois aqui vivereis sem contato com imagens que mais intensamente tendes cultivado na Terra, decorrendo o vosso júbilo, ou decepção, da natureza exata do que tenhais cultuado no exercício dos vossos pensamentos e no trato dos vossos desejos. É evidente que a tranquilidade da alma reside principalmente na aquisição da paz espiritual interior. Mas, se não cultivardes na Terra a força de vontade para isso, também aqui não a obtereis miraculosamente, só porque deixastes o corpo físico. Esse corpo não é obstáculo contínuo à livre aplicação da força mental ou ao exercício livre da vontade; ele é apenas o produto do "pensamento" e do "desejo" do espírito.

Embora o homem seja considerado um sábio, em comparação com os seus irmãos símios assinalados pela irreverência de Darwin, é certo que a maioria deles não sabe o que é, donde vem nem para onde vai. É como a criatura que, não conhecendo o clima da cidade para onde vai se dirigir, veste um sufocante traje de lã, e, depois, tem a decepção de verificar que desembarcou em um território que mais se parece com o deserto de Saara.

Daí as grandes surpresas depois da "morte", quando os homens partem da Terra na mais profunda ignorância de si mesmos: aqui aportam espantados, boquiabertos e profundamente aterrorizados, despertando compaixão, surpresa e até comicidade. Apalpam-se, auscultam-se e não raro fogem à mais ligeira aproximação de socorro; há os que se rebelam e culpam o Criador por suas fraquezas e mazelas humanas; outros, tímidos e inquietos, mal suportam a saudade ardente que lhes vai na alma ainda dominada pelos instintos da carne terrena. Ao examinarmos as suas mentes superexcitadas, o caso se torna por vezes cômico: na tela astral, onde se refletem os seus pensamentos configurando seus desejos, lá se encontra a figura do conhecido cigarro caipira do roceiro, ou o vistoso charuto do ricaço; há, por vezes, o retrato epicurístico da fatia da carne de porco a fogo lento, do bife emoldurado pelo ovo estrelado, ou então o rótulo humilde da cachaça brasileira ou, ainda, as filigranas douradas da etiqueta do uísque escocês.

Dizei, agora, que poderá fazer, do "lado de cá", esse

cidadão terreno, cujo pensamento enfraquecido e comandado pelo instinto inferior sempre o deixará inquieto e insatisfeito, mesmo na paisagem do céu? Algemado a uma bagagem que teve de deixar no limiar do túmulo, ingressa no plano astral qual uma marionete dirigida por mil fios comandados pelas paixões e vícios da Terra. E há um caso que, além de lamentável, às vezes também se torna cômico, pois, em virtude do alastramento do vício do fumo, aí na Terra, tanto fumam os indivíduos maus como as almas boníssimas; e isso cria situações bem delicadas, aqui no Além, quando temos de recepcionar almas santificadas pelo trato do seu coração, mas trazendo em seus halos luminosos os vestígios da fuligem do cigarro.

Eis os motivos porque se fazem tão necessárias essas equipes de espíritos que aqui operam na multiplicidade dos agrupamentos educativos e disciplinadores, dedicando-se também ao setor de "helioterapia astral", a fim de que os desencarnados terrenos possam recuperar a sua vitalidade exaurida na viciação do mundo material.

PERGUNTA: — Essa helioterapia é a medida de maior importância que se toma no astral, para atender aos desencarnados ainda enfraquecidos em suas forças espirituais?

ATANAGILDO: — Infelizmente, na exiguidade de tempo destas comunicações, não vos posso descrever a magnitude de nossa existência no Além, pois só me cumpre relatar-vos, de relance, as coisas mais importantes e de vossa melhor compreensão. Como em nossa metrópole só se agrupam almas de padrão espiritual mais equilibrado, a helioterapia torna-se uma medida ativadora da fisiologia de seus perispíritos, auxiliando-lhes, muitíssimo, a dinamização das energias para futuras reencarnações. Mas nas zonas inferiores, adstritas às regiões aflitivas, os departamentos de helioterapia procuram auxiliar apenas a recuperação das forças vitais dos desencarnados que ainda se mantêm desvitalizados depois da travessia do túmulo.

E, como não são raras as almas que, embora boníssimas, se mantêm ignorantes de suas faculdades imortais, aqui se lhes ensina desde a absorção do prana (ou seja, a energia magnética do meio), o ativamento da circulação etérica do perispírito, a concentração e o domínio contra as evocações saudosistas do mundo carnal, até como desenvolverem o poder da vontade, tão necessário para o transporte por meio da "volitação".

PERGUNTA: — Qual a diferença que há entre os resultados da "helioterapia" e os dos exercícios de atletismo ou competições esportivas terrenas?

ATANAGILDO: — Os resultados da helioterapia diferenciam-se dos obtidos através dos recursos físicos, por causa da diferença de plano, pois, enquanto na Terra é pela dinâmica esportiva que se ativa a circulação sanguínea, o desentorpecimento dos músculos e se faz a drenagem das toxinas pela transpiração, nós aqui dispensamos tais operações, que são próprias do plano físico, pois o perispírito é veículo mais eficiente, que rapidamente corresponde às solicitações mentais mais sutis. Mesmo a volitação, que é o nosso principal meio de locomoção e que se baseia na vontade, ou seja, na força mental despendida pelo espírito, exige treino e disciplina para aqueles que não possuem a prática para isso.

A bondade desenvolvida situa-nos em planos delicados, mas só a vontade disciplinada nos permite utilizar os valores superiores. É por isso que na Terra tanto se admira a figura do anjo com suas asas abertas, no mais perfeito equilíbrio, no seu voo majestoso pelos céus; ele é o símbolo mais perfeito de nossos poderes espirituais já desenvolvidos e que, através da força mental, em sábia combinação com o magnetismo purificado do perispírito, podemos aproveitar para a volitação.

Embora o perispírito seja um veículo apropriado para a nossa movimentação nas salutares regiões do Além, é de suma importância o desenvolvimento de nossas forças mentais, porque elas é que são responsáveis pela nossa sustentação no voo. Por isso, o veículo perispiritual servir-nos-á bem pouco para a volitação, se nos faltar a força de vontade suficiente para o impulsionarmos até os nossos objetivos e sonhos. Daí se considerarem de valor os recursos astrais da helioterapia, quando os desencarnados, para removerem as suas debilidades vitais, precisam desenvolver o poder da mente ou da vontade, para obterem o êxito desejado. Pouco nos valeria possuir poderosa maquinaria, mas sem o necessário combustível para fazê-la mover-se.

PERGUNTA: — Quais os principais fatores que impedem o perispírito de obedecer facilmente à nossa vontade ou ao nosso pensamento, no Além, quando é certo que o nosso corpo físico responde imediatamente aos nossos comandos mentais?

ATANAGILDO: — Em face da veemência dos impulsos animais, no corpo físico, o instinto centuplica as nossas mais débeis ordens partidas do pensamento e as executa mesmo antes de novos raciocínios da nossa mente. Diante de um perigo físico, o corpo carnal age imediatamente, acionado pelo instinto de conservação da vida material, que lhe é condição peculiar. Podeis notar que, inúmeras vezes, a ação de vosso corpo físico precede de muito a ação de vossa vontade ou raciocínio; é que o psiquismo responsável pela proteção à criatura pressente o perigo muito antes de ser ele examinado em detalhes pela consciência em vigília. Nesse caso, a ação é rápida e não admite contemporização; o corpo põe-se a salvo antes da decisão mental; primeiro age o instinto e depois o raciocínio. Mas, depois de desencarnados, abandonamos o corpo físico com o seu cabedal de sabedoria instintiva animal, e passamos para um outro plano mais sutil de vida, onde o poder mental é o agente principal que gradua e comanda as nossas relações, criações e a faculdade de nos movermos. Já não existe uma segunda natureza instintiva, capaz de superar a nossa vontade através de ações decisivas, praticadas antes de tomarmos uma resolução, como no caso dos olhos, que se fecham automaticamente antes de pensarmos em fechá-los, quando eles se veem ameaçados em sua integridade. Por isso, para aqueles que vivem controlados apenas pelo instinto, a vida astral se torna um grande suplício, pois são vítimas de toda sorte de prejuízos impostos pela vontade alheia, mais forte. Falta-lhes o automatismo da natureza física e, consequentemente, uma segunda natureza que, no mundo astral, se encarregue das decisões rápidas, salvadoras e de favorecimento espiritual. Mas aqueles que já conseguiram disciplinar a sua vontade do mundo físico, quer através de estudos espiritualistas ou iniciáticos, quer por exercícios estoicos e tenazes, sob objetivos superiores, também podem se mover, no Além, com a graça do pássaro e com a facilidade da paina de seda a flutuar na atmosfera serena das regiões etéricas.

A volitação e o poder da vontade

PERGUNTA: — Através da literatura mediúnica, sabemos que certos espíritos desencarnados têm facilidade de se transportar de um local para outro, utilizando-se de uma faculdade que lhes permite uma espécie de voo, à qual se dá o nome de "volitação", ao passo que outros, não possuindo essa faculdade, só podem se locomover como pedestres. Por que motivo estes não podem gozar da faculdade daqueles?

ATANAGILDO: — De fato é assim, visto que a força mental acumulada inteligentemente é que promove o êxito na volitação. Como poderá se transportar a longas distâncias, por meio da força de vontade, criadora do poder mental, aquele que na matéria ainda não possuía força de vontade suficiente nem para abandonar pequenos vícios?

PERGUNTA: — Então, só os espíritos superiores é que conseguem volitar?

ATANAGILDO: — Como disse, a volitação é conquista dos que desenvolvem o seu poder mental; assim, é óbvio que, quem o possuir, mesmo quando desviado do Bem, pode volitar depois de desencarnado. No entanto, uma coisa é poder volitar e outra coisa ter permissão para volitar, pois aqueles que se aviltam no mundo, embora possuam força mental desenvolvida e inteligência bastante, terão que se situar em zonas densas e de baixas condições vibratórias. Em consequência, mesmo que sejam capazes de volitar, a Lei os conservará presos ao solo ou, então, mal poderão ensaiar alguns arremedos de voo a distância, porque as suas condições vibratórias não permitirão que passem daí. Não podeis comparar os voos curtos das aves domésticas, presas ao solo, com o voo incomparável dos pássaros que cortam o espaço.

PERGUNTA: — Podeis nos dar uma ideia mais clara de como se processa o fenômeno da volitação?

ATANAGILDO: — A volitação se baseia principalmente na ação dinâmica da vontade atuando sobre a energia mental, que então serve de sustentação para que o perispírito possa se conduzir através do Espaço. Servindo-me de minha vontade coesa e disciplinada, que me permite governar a mente para conservar-me em voo seguro, posso alcançar os objetivos e pontos desejados, como se fora possuído da leveza do pássaro a voar sob um céu de arminho irisado. É certo que o faço na conformidade do meu tipo espiritual e, por isso, não posso me afastar do círculo traçado pelas minhas condições vibratórias siderais.

PERGUNTA: — Não podemos deixar de nos emocionar ante a constatação dessa possibilidade de o espírito voar liberto das peias do solo físico.

ATANAGILDO: — Sei que isso vos entusiasma; noto-vos a sensação eufórica e a respiração excitada, ante este quadro atrativo que vos apresento. Como ser-vos-á delicioso volitar no Espaço, após a vossa desencarnação, livres das preocupações com duplicatas, dentistas, armazéns, aluguel de casa ou impostos. Que júbilo ouvir a música das esferas, sentir o perfume embriagador das flores paradisíacas e apreciar a policromia de paisagens encantadoras. São revelações que vos arrebatam a estados celestiais, de repouso e contemplatividade; sonhos que realmente vivem no subjetivismo de vossa memória etérica e repontam emotivamente, embora ainda permaneçais reclusos na carne terrena. O espírito encarnado é um viajante que deixou a sua pátria celestial e, mesmo quando ignora essa circunstância, costuma rever fugazmente alguns fragmentos do panorama sublime que o aguarda no futuro, assim como conserva no íntimo a recordação do seu verdadeiro lar celestial. E essas recordações se avivam quando alguém vos associa mentalmente às paisagens cerúleas dos planos superiores, como agora acontece convosco.

O que importa, porém, não é conhecerdes a natureza dos cenários edênicos, com suas sublimidades, mas tudo fazerdes para habitá-los, o que só se consegue através de uma vida digna e liberta das paixões tumultuosas, que intoxicam o perispírito e o impedem de desferir seu alto voo ardentemente sonhado. Que vale sonhar com os ciprestes do Líbano, os lagos da Itália ou a majestade dos Andes, se nada fazemos para conhecê-los pessoalmente?

PERGUNTA: — O desenvolvimento da vontade, para o êxito da volitação no Espaço, deve começar quando ainda estamos encarnados?

ATANAGILDO: — As sequências naturais e milenárias da vida humana, no plano físico, sempre terminam desatando na alma as energias mentais adormecidas pela ociosidade espiritual. A existência planetária é uma perfeita e incessante "iniciação", em que o discípulo é submetido a uma multiplicidade de provas e práticas que o experimentam e melhoram a sua graduação. Entretanto, se a alma for preguiçosa, carecerá de milhões de anos para chegar a um estado de perfeição que lhe permita gozar da união com Deus. Existem seres (por exemplo, os iogues) que, pela auto-realização, abreviam de alguns séculos certas experimentações que lhes exigiriam longo tempo sob a letargia passiva da lei do carma. Eles dinamizam a sua vontade, purificam o coração e extinguem a atribulação pela vida ilusória da matéria, até conseguirem ingressar na "corrente cósmica", que então os aproveita como novos condutores de almas e prepostos criadores no seio da vida sideral.

É óbvio, pois, que, se a vontade for desenvolvida por meio de algum salutar treinamento disciplinado, que desperte as forças internas e vos permita melhor domínio sobre o meio ilusório, a volitação, no Além, ser-vos-á uma conquista indescritível pelos vocábulos humanos. No entanto, assim como o balão não ascensiona se estiver preso pelas amarras ao solo, também não podereis lograr êxito, de início, na volitação, se partirdes do mundo terreno algemados às forças tirânicas das paixões e das sensações inferiores.

As forças mentais e seus poderes

PERGUNTA: — Já que nos fizestes interessantes revelações sobre o poder da vontade, como um dos fatores de sucesso na conquista da faculdade volitiva, gostaríamos que vos aprofundásseis no assunto, dizendo-nos de outras características de nossas forças mentais. Achamos que, quando encarnados, dispomos ou poderemos dispor de outras forças mentais, além do poder da vontade; mas, geralmente, essas forças mentais são por nós ignoradas. Podeis dizer-nos se tais forças, adormecidas pela matéria, despertam satisfatoriamente depois de nossa desencarnação?

ATANAGILDO: — O espírito, pelo fato de deixar o corpo carnal, não se reveste de poderes mentais superiores, que não tenha desenvolvido voluntariamente na matéria. Esses poderes não ficam propositadamente adormecidos na carne, para depois surgirem miraculosamente pela desencarnação. A sua revelação é fruto exclusivo da vontade do espírito, que tanto se desenvolve na resistência contra o sofrimento como pelo esforço em resolver seus problemas e enfrentar as vicissitudes cotidianas do mundo físico. Casos há em que se trata de força disciplinada, mas que só se consegue desenvolver pelo estudo e pelo exercício criterioso altamente espiritual.

PERGUNTA: — Considerais como de utilidade o estudo do metabolismo e a aquisição de conhecimentos esoteristas, quando ainda nos encontramos encarnados?

ATANAGILDO: — Sem dúvida, pois é melhor que desenvolvais desde já voluntária e conscientemente certos poderes mentais que só haveis de possuir através de exercícios dolorosos, nos séculos porvindouros. Não percebestes, ainda, que a vida humana, com suas angústias e torturas, tem por único escopo despertar no homem os poderes criadores do futuro anjo? Por que achais melhor desperdiçar considerável tempo precioso, preferindo deixar-vos evoluir lenta e confrangedoramente, forçados pelos imperativos da vida carnal, quando podeis fazer isso em menor tempo, treinando a vossa vontade e desenvolvendo a vossa mente?

PERGUNTA: — Muitos afirmam que o devotamento excessivo ao estudo e desenvolvimento das forças ocultas do espírito pode causar-lhe perturbações. É verdade?

ATANAGILDO: — É evidente que esse devotamento precisa relacionar-se com o grau de maturidade e capacidade do espírito e nunca constituir algo de prematuro e, portanto, perigoso de provocar perturbação. Existem muitas criaturas que não se devotam a nenhum estudo e nenhuma experimentação dos poderes do espírito e que, no entanto, fanatizadas por sectarismos, vivem lamentavelmente perturbadas no seio de suas igrejas ou agremiações espiritualistas. Os imaturos de espírito não se interessam pelos poderes da alma tão bem descritos nas obras espiritistas, esoteristas, rosa-cruzes, teosofistas e de ioga, mas se enclausuram fanaticamente nos seus dogmas, mistérios sagrados, biblismos, tabus e proibições eclesiásticas. E mesmo alguns daqueles que abandonam seus credos religiosos e conservadores e depois passam para o espiritismo, ainda temem, em face de sua imaturidade espiritual, o desenvolvimento desses poderes e chegam a protestar contra qualquer novo experimento espiritualista alheio, teimando em viver as antigas proibições religiosas sob novas versões modernas e mais requintadas.

PERGUNTA: — Há quem aconselhe que não se conjuguem certos estudos espiritualistas, a fim de se evitar o perigo de uma confusão prejudicial. Que dizeis a esse respeito?

ATANAGILDO: — É muito natural que o vosso mundo e o astral que o rodeia ainda se vejam às voltas com criaturas sentenciosas e sistemáticas, cujo ofício mais importante é o de julgar a capacidade e a necessidade alheias, baseadas exclusivamente nos próprios temores de suas almas imaturas. Muitos restringem os princípios libertadores de sua própria doutrina espiritualista, transformando-os em elos poderosos de cadeia de ferro sectarista ou, então, transformam em louváveis virtudes a sua própria ociosidade mental e o temor de pesquisar o desconhecido. Certamente, conheceis a história dos bois que repudiavam o capim seco, e que, em virtude de uma inteligente ideia do lavrador, que lhes colocou óculos verdes nos olhos, passaram a se alimentar desse capim, com sofreguidão... Defrontando-vos com certas opiniões limitativas do vosso crescimento espiritual, é aconselhável que procureis examinar o colorido dos óculos desses vossos graves conselheiros, pois é provável que só admitam a experiência espiritual e os postulados religiosos alheios depois de trocarem as lentes mal graduadas ou escurecidas de seus óculos.

Recordo-me de que, durante a minha última encarnação na Terra, alguns amigos tímidos me advertiram frequentemente sobre os perigos a que eu me expunha através da insaciabilidade de perscrutar a Verdade e ativar a autorrealização, além de pretender também chegar às conquistas gloriosas de outros meus irmãos devotados ao mesmo ideal espiritual. Mas nunca me pude satisfazer com princípios exclusivistas de qualquer credo, seita ou doutrina, pois tinha particular desconfiança para com os conspícuos defensores de doutrinas que diziam possuir exclusividade sobre a "melhor verdade" ou a "verdade verdadeira". Sempre me aborreceram as contradições de certos adeptos e simpáticos de doutrinas espiritualistas que, depois de afirmarem que Deus se encontra imanente em todas as coisas e seres que criou, excluíam-no do seio de outras religiões, para só o admitirem em seu credo simpático. Os espíritos que já alcançaram um ponto avançado na escala espiritual e que se aperceberam da unidade cósmica, costumam ajudar os seus irmãos a conhecerem a sua própria experiência religiosa, tudo fazendo para servi-los e não para desanimá-los ou confundi-los quando eles avançam pelos caminhos íngremes de sua dificultosa evolução.

É preciso tentar-se a libertação da matéria o mais cedo possível, principalmente por meio do desenvolvimento das forças espirituais — que são patrimônio eterno da alma — em lugar de se permanecer longos séculos ligado a crenças organizadas, que estão sempre repletas de ritos, dogmas, superstições, mistérios e proibições sem cabimento. Os sacerdotes, pastores, doutrinadores e mentores espiritualistas não passam de intermediários entre a realidade da vida e a ficção humana, e por esse motivo o espírito deve tentar a sua própria experiência espiritual, ao invés de se entregar fanaticamente a uma autoridade religiosa. Convém ao espírito despertar da hipnose e da comodidade de aguardar a opinião alheia para solver seus problemas espirituais, afastando-se do número daqueles que não sabem avançar senão apoiados nas muletas fornecidas por seus sacerdotes, pastores, mentores, doutrinadores, "guias" ou "pretos velhos". Os que assim procedem abdicam de sua própria faculdade de pensar e limitam a sua área de saber, fugindo da experiência libertadora, porque só creem no que lhes dizem as suas simpatias encarnadas ou desencarnadas.

Eis por que o esforço heroico e a ousadia do discípulo para ultrapassar os arames farpados das limitações religiosas e doutrinárias causa temores e provoca censuras por parte daqueles que, submetidos às mesmas condições, ficariam perturbados.

PERGUNTA: — Os poderes mentais ou espirituais, que desenvolvestes na Terra, antes de vossa última desencarnação, têm vos auxiliado bastante na nova vida do Astral?

ATANAGILDO: — Sem dúvida. Mas esse desenvolvimento eu não o realizei pela primeira vez no Brasil; desde minha existência anterior à encarnação de Jesus, quando envergava no Egito as vestes sagradas do sacerdócio de Amon-Rá, já cultivava o desenvolvimento da vontade e aprimorava o exercício mental. No entanto, como não houvesse ainda alcançado um discernimento espiritual que me pudesse orientar no uso desses poderes — embora não os houvesse empregado deliberadamente contra o próximo — servia-me deles para o êxito no mundo físico, mas como uma força obstinada, de autoconfiança, que me auxiliava a resolver satisfatoriamente os problemas políticos, sociais e econômicos. Eu era o que se chama comumente um homem de "pensamento forte", certo de que as minhas energias mentais eram um dom natural do berço, ignorando que elas haviam sido desenvolvidas paulatinamente, sob métodos exaustivos e sacrificiais, no decorrer de séculos.

Deveis conhecer na Terra homens pobres, ignorantes e até analfabetos, que obstinadamente erigem patrimônios de vulto e desenvolvem avançados parques industriais, proporcionando trabalho a milhares de criaturas. Do que provém isso, senão do seu extraordinário poder mental, desenvolvido na peregrinação da vida material, do qual os mentores espirituais se aproveitam para favorecer novas situações de aprendizado à humanidade? Visto que eles ainda apreciam "criar" no mundo físico, enleando-se carmicamente no ciclo reencarnatório, transformam-se então em grandes industriais e senhores de vastos domínios, que o poder mental, bastante potencializado, ajuda-os a erigir na Crosta.

Mas também lhes chega o momento de maturidade espiritual em que, ao invés de se servirem de suas forças para edificar um império transitório na forma, usam-nas definitivamente para a sua libertação espiritual, assim como já o fizeram os grandes seres que nos precederam na escalonada sideral.

Como não existe o milagre e a Terra é um campo de provas para o espírito desenvolver o seu senso criador, todas as realizações e conquistas que dormitam em nossa intimidade espiritual são sempre o fruto de nossos esforços individuais e não de privilégios injustificáveis. A esse poder mental, que eu também havia desenvolvido, soube dar mais tarde um sentido espiritual superior e de favorecimento ao próximo, e por esse motivo ele vem se purificando satisfatoriamente, assim como a água poluída se torna cristalina ao se filtrar pela pedra purificadora.

PERGUNTA: — O desenvolvimento do poder mental, sob um método criterioso, serve exclusivamente ao seu portador, ou pode ser também aproveitado pelos espíritos superiores, para seus planos benfeitores?

ATANAGILDO: — O espírito de coração boníssimo, e também senhor de suas forças mentais, é uma das células utilíssimas no organismo da vida. Buda possuía coração magnânimo e um avançado poder mental que fortificava seus ensinamentos sublimes e os fazia penetrar e influir nos seus ouvintes; Jesus hipnotizava as multidões pela sua gloriosa força mental fortalecida pela luz do seu amoroso coração; Allan Kardec, se não houvesse sido, no passado, um poderoso hierofante no Egito e desenvolvido ioga na Índia, não teria podido impregnar a codificação espírita de uma força mental tão vigorosa que a conduz para o incessante progresso e indestrutível objetivo de libertação espiritual.

É óbvio que, em geral, os seres buscam a sua própria glória e interesse quando se reconhecem donos de recursos mentais vigorosos, mas, se tiverem discernimento espiritual, terminarão conduzindo todos os seus esforços em auxílio da coletividade. E quando isso começa a suceder, os mentores siderais volvem suas atenções para o discípulo desenvolvido e bem-intencionado, convidando-o a participar da tarefa sublime de "criar".

PERGUNTA: — Os espíritos encarnados devem desenvolver esse poder mental por meio de cursos ou métodos especiais?

ATANAGILDO: — De princípio, o carma obriga a criatura a contínuos reajustamentos mentais e retificação incessante dos desvios decorrentes da perda da vontade e negligência no pensar, até que, se lhe desperte o desejo de intervir no seu próprio destino e modelá-lo conscientemente. Quando o espírito se fatiga da ilusão material, inicia, por si mesmo, a investigação da origem das coisas, dos seres e de sua própria origem espiritual e se aplica heroicamente ao despertamento definitivo de suas forças ocultas.

Todo esforço de aperfeiçoamento espiritual, em conjunto com o desenvolvimento mental, não só é o princípio de libertação da roda das reencarnações, como também é motivo de júbilo para os técnicos siderais, pois é sempre um novo cooperador que se inicia na divina arte de "criar" na tela do Infinito. Deveis saber que não existe um pernilongo, uma pétala de flor ou mesmo um galho de urtiga que não tenha sido idealizado primeiramente na mente dos espíritos desencarnados, para só depois ser forjado no cadinho das formas materiais. A criação é eterna, porque as almas que aceitaram a incumbência de "criar" o fazem perenemente.

Não supondes, por exemplo, que as florezinhas dos campos, que pisais inadvertidamente, são produtos materializados de pensamentos angélicos já projetados há incontáveis milênios.

Creio que, em face do exposto, não vos será muito difícil avaliar a importância inestimável do potencial de forças mentais que podem ser desenvolvidas sob a influência de um coração magnânimo.

PERGUNTA: — Tendes sido alvo da atenção de algum mentor, no Além, que vos esteja auxiliando para o aproveitamento das vossas forças mentais, no sentido de também aprenderdes a "criar"?

ATANAGILDO: — Sou discípulo de irmão Navarana, que foi disciplinado iogue, e que desde a Atlântida vem me acompanhando carinhosamente e aqui se encarregou de me orientar no desenvolvimento das forças mentais criadoras. Frequento-lhe o curso em nossa metrópole do Grande Coração e tenho me submetido a rigorosos tratamentos magnéticos especiais, que muito me ajudam a potencializar a mente. De vez em quando, em companhia de outros discípulos escolhidos por irmão Navarana, saímos para os arredores da metrópole, a fim de fazermos alguns exercícios de mentalização criadora.

PERGUNTA: — Podeis nos dar uma ideia desses exercícios?

ATANAGILDO: — Certa vez, sob a direção afetuosa de irmão Navarana, eu tentava configurações mentais para um exercício mais vivo e experimental de meu poder mental. Resolvi, então, reproduzir na tela do meio astral encantadora flor, que primeiramente me fora mostrada nos modelos primários da Instituição das Flores.

Após servir-me de minhas forças mentais, já algo desenvolvidas no mundo físico, pude retratar a flor, materializada, no ambiente astral. E então exultei de alegria infantil ao certificar-me de que o meu esforço mental se transformara num fato concreto. No entanto, não pude deixar de me sentir desapontado ante um sorriso enigmático de irmão Navarana ao olhar a minha criação... E, para minha primeira decepção como "espírito criador", ele me mostrou todos os defeitos encontrados na flor materializada à minha frente, explicando-me que, se o departamento floral da metrópole reduzisse aquela flor a semente e a transferisse para a matéria, o molde etérico daquele espécime, produzido sob a minha força mental, seria tão imperfeito que nenhuma força na Terra conseguiria fazê-lo germinar.

Ainda por longo tempo exauri-me no exercício de mentalizações experimentais, para verificar, cabisbaixo, que sempre faltava algo para completar a verdadeira configuração definitiva da flor; ora eu esquecera de mentalizar o pólen da propagação futura da espécie floral; ora faltava o arminho protetor das pétalas, periclitava a sutura das folhas à haste, ou então o processo da corola se antecipava ao do caule. De outra feita, havia perturbação na linhagem da genética etérica, para a flor poder eclodir harmoniosamente desde o seu cromossomo vegetal permanente até a sua derradeira forma como um tipo vegetal subordinado à classificação sensata da botânica terrena.

Entro em tais detalhes, para que saibais que a pressa está ausente do plano da criação, pois os "iniciadores siderais" vivem exclusivamente no eterno presente, despreocupados das aflições tão próprias do calendário humano. Uma florzinha, das mais diminutas, pode ter sido objeto de cuidadoso plano que tenha se desenvolvido durante alguns séculos de experimentações astrais e correções mentais, antes de ser transferida definitivamente para o laboratório do mundo físico e integrada na fenomenologia material responsável pela germinação da semente na Crosta.

Cada semente material é um pequeno cofre contendo ciosamente, em sua intimidade etérica, todo o processo de crescimento e a miniatura da futura árvore ou da espécie que foi criada e avivada na substância mental-astral, pelos seus criadores. Quando ela eclode no seio da terra, como um produto do vegetal que a originou, apenas desata a configuração mental que já dormitava potencialmente em seu seio, constituindo o efeito de um plano disciplinado e que já fora vivido antecipadamente em todo o seu ciclo germinativo. Esse plano dinâmico-mental, que depois se põe em movimento acionado pelas forças do mundo astral e vai "descendo" até a conexão com as energias terrestres, é que realmente aglutina as forças do meio, sendo o seu êxito tão promissor quanto sejam os fatores simpáticos com que pôde contar para a sua eclosão material.

Não vedes que as árvores não crescem além do limite de suas formas predeterminadas, existindo algo invisível que as sustenta para uma eclosão sensata? Imaginai como seria o vosso orbe, se todos os vegetais crescessem ininterruptamente para o alto e para todas as direções, sem o controle dos "moldes etereoastrais" que os sustêm, assim como o perispírito também regula e distribui as energias que se materializam para atender a contento à sensata configuração humana.

Os estigmas do "pecado" no corpo físico e no perispírito

PERGUNTA: — Temos lido afirmação de que, pela sua persistente atuação, a força mental produzida pelo pensamento desregrado causa modificações tão profundas na fisionomia de certos desencarnados, que alguns chegam a apresentar verdadeiros estigmas animais. Podeis nos dizer alguma coisa a respeito desse assunto?

RAMATÍS: — Realmente, há modificações que se processam no perispírito de certos desencarnados, dando-lhes aspectos exóticos ou repulsivos, em que, muitas vezes, reproduzem as feições de conhecidos animais. Mas é certo que também os encarnados podem revelar em sua fisionomia os mais variados estigmas resultantes das vicissitudes morais, ou então dos vícios aviltantes. A face da criatura humana assemelha-se à tela cinematográfica refletindo as sensações do filme; ali plasmam-se tanto os estados de ventura, bondade e otimismo, como se refletem as subversões íntimas e insistentes do ódio, da cupidez, da astúcia ou da avareza.

O semblante humano retrata prontamente as investidas emotivas da alma, assim como registra os seus mínimos pensamentos. Quantas vezes não tendes notado que os rostos das criaturas escravizadas ao vício e às paixões aviltantes são parecidos à fisionomia de certas aves e animais? O avarento, por exemplo, não é representado pela figura do abutre, com o seu nariz adunco e os olhos com o brilho da rapina? O homem lerdo e inexpressivo não o comparam ao boi, o astuto à raposa, o cruel à hiena, o voraz ao lobo e o luxurioso à figura do caprino?

Imaginai, pois, o que acontece quando o potencial vigoroso da força mental pode agir diretamente sobre a estrutura astral do perispírito desencarnado que, por ser dotado de incrível qualidade plástica, modifica-se rapidamente na sua configuração fisionômica. Raros homens conhecem o assombroso efeito do pensamento sobre a ideoplastia do perispírito, que é na verdade o mais admirável prolongamento da mente do mundo astral.

Não nos referimos ao perispírito como sendo apenas um organismo singelo e semelhante a uma veste vaporosa, como ainda o creem muitos espiritualistas, mas sim como a um avançado conjunto coletivo composto de todos os veículos de que o espírito necessita para atuar e se relacionar com os diversos planos da vida imortal, como sejam o etérico, o astral, o mental concreto, o mental abstrato etc. Sabemos que a sua real estrutura só agora está sendo conhecida entre os espíritas estudiosos, pois só era familiar aos teosofistas, esoteristas, rosa-cruzes, iogues, hermetistas e iniciados, que já conheciam a sua avançada fisiologia "etereoastral", através dos ensinos hermetistas e védicos. É o mais complexo aparelhamento jamais imaginado por um fisiologista ou anatomista humano, e o seu completo conhecimento no mundo físico ainda poderá exigir alguns milênios de estudos bem aplicados. A sua cor, densidade, temperatura magnética, luminosidade e odor astral são resultantes de processos metabólicos tão complexos e sutis, que ainda escapam inteiramente à compreensão do atual homem encarnado. São fenômenos de grande sensibilidade, que atendem e reagem rapidamente sob o mais tênue pensamento e emoção produzidos pela alma, como também se modificam e se elevam pela influência da luz original do espírito, que pode afluir do seu interior.

O perispírito é o revelador de todas as ações ocorridas na intimidade da vida espiritual, e a mente, então, significa o seu aparelho cinematográfico que projeta aquilo que a alma pensa ou deseja. Em consequência, ele também reproduz, em suas funções e aspectos, o "cunho permanente", ou caráter definitivo que a alma já imprimiu na formação de sua consciência individual através dos milênios.

É uma organização básica que, exteriormente, pode ser

analisada pela sua cor, magnetismo, luminosidade, temperatura e odor, como elementos identificadores do temperamento psíquico do ser imortal.

E, como é o fundamento identificador do tipo de cada alma, também costuma apresentar outras características de cores, com novos reflexos de luminosidade e diferenças magnéticas de temperatura e odor. Isso é conhecido no mundo astral como os "sinais acidentais" que resultam dos vários tipos de emoções e pensamentos produzidos pelo espírito, mas que não modificam o seu caráter fundamental, já exposto na aura perispiritual.

PERGUNTA: — Antes de prosseguirdes no assunto, poderíeis nos explicar com mais clareza o que sejam esse "cunho permanente" e "sinais acidentais", que resultam dos pensamentos e das emoções definitivas ou provisórias sobre a contextura do perispírito?

RAMATÍS: — Quando alguma obra humana se impõe definitivamente por alguma expressão particular ou por um aspecto artístico, literário ou oratório "sui generis", considera-se isso como um estilo, marca ou cunho permanente que distingue o modo inimitável de se expressar do autor da manifestação exterior. Diz-se, no vosso mundo, que o estilo é a maneira privativa que cada um tem de exprimir o seu pensamento pela escrita ou pela palavra, pois pelo estilo da escrita se conhece o escritor e pelo estilo da palavra o orador. O estilo, pois, é a expressão, a arte da forma, que torna sensíveis as ideias e os sentimentos, através de um meio particular de exprimirmos os nossos pensamentos. Ele abrange a ideia e a forma; expõe ao mundo exterior o conteúdo particular da alma.

Do mesmo modo, através das características exteriores do perispírito, que constituem o seu "cunho permanente", sintetizado nas convenções sidéreas de cor, magnetismo, odor e luminosidade, também é possível conhecer-se o tipo de alma ali presente. Esse "cunho permanente", da alma, distingue-lhe a virtude fundamental, a sua máxima qualidade já conseguida no ritmo de vida sideral ou, então, marca a sua paixão aviltante milenária, da qual ainda não pôde se libertar. É verdade que, na maneira peculiar de o homem se expressar, seja na poesia, na literatura ou na oratória, ele também se vale de outras expressões acidentais, ou de outros recursos e figuras provisórias, que não fazem parte definitivamente do seu estilo consagrado, e que não expressam a sua exata individualidade já construída no tempo.

PERGUNTA: — Qual um exemplo elucidativo desse caso?

RAMATÍS: — Certos escritores de estilo veemente e de um realismo desassombrado, podem algumas vezes apresentar certas variações de estilo em suas obras, introduzindo nelas alguns toques de ternura, romantismo ou poesia, sem que isso prove que eles são efetivamente sentimentalistas ou românticos. Trata-se apenas de variações acidentais ou recursos provisórios que não afetam o "cunho permanente" do seu estilo já consagrado pelo tempo.

Examinando o perispírito de cada alma, cuja consciência vem se elaborando na noite dos tempos, os mestres espirituais conhecem a sua virtude ou o seu pecado milenário fundamental, bastando-lhes verificar o "cunho permanente" que se forma na aura perispirítica, cujo diagnóstico dependerá do tom da cor e intensidade de luz, natureza da temperatura e tipo de magnetismo odorante, isto é, repulsivo, balsâmico ou irritante. Examinando outros fragmentos de cores, reflexos luminosos e variações magnéticas de menor importância, conseguem eles também esquadrinhar as demais variações mentais e emotivas, que se produzem acidentalmente na aura do examinando, como produto de sentimentos ou ansiedades transitórias, que ainda não conseguiram causar modificações no caráter espiritual.

PERGUNTA: — Quereis dizer que o "cunho permanente" ou o "caráter fundamental" de cada alma pode permanecer sem modificação até durante séculos, quiçá milênios? Não seria isso um improdutivo estacionamento da alma por se ver cerceada pelo seu próprio psiquismo?

RAMATÍS: — Realmente, a Lei é esta: a alma não retrograda, mas sim evolui ou estaciona. Mesmo durante essa fase que vos parece de improdutivo estacionamento, as forças propulsoras não se extinguem no seio da alma, mas se represam em salutar concentração, lembrando o repouso da natureza quando, durante o inverno, aquieta as suas energias para depois incentivá-las vigorosamente na primavera. O que vos causa dúvida provém de situardes a sequência da vida imortal do espírito sob a marcação prosaica do calendário humano. Embora, para o entendimento humano, os milênios pareçam algo impressionantes no conceito de tempo e espaço, eles ainda pesam muito pouco no desenvolvimento formativo das consciências individuais, que são lançadas virginalmente na corrente da evolução espiritual. Esse cunho permanente ou caráter fundamental, que é a própria marca psíquica da alma, ainda pode conservar-se por muito tempo sem sofrer mudanças radicais porquanto, à medida que o espírito opera vagarosamente, para extirpar uma paixão milenária e já perniciosa à sua consciência evoluída, outro sentimento sorrateiro tenta emergir e deitar corpo para também exercer o seu mandato ditatorial, embora seja por curto prazo. Daí, pois, o motivo por que muitos espíritos, em sucessivas encarnações, ainda revivem fortemente a característica fundamental, virtuosa ou aviltante, que os dominou na existência anterior. Quando puderdes examinar a história da Terra sob a visão espiritual desencarnada, podereis comprovar que, pela ação desse "cunho permanente" em alguns espíritos de projeção mais vasta, eles deixaram na Terra novos rastros luminosos ou sombras denegridas, como cópias-carbono de sua maior virtude ou de seu maior pecado cometido nas vidas anteriores.

PERGUNTA: — Não vos seria possível dar-nos alguns exemplos desse fato?

RAMATÍS: — Alexandre Magno — por exemplo — cuja índole psíquica era a belicosidade, os sonhos de conquistas materiais, ao reencarnar no vosso orbe viveu novamente nas figuras invasoras de César e Napoleão; Samuel, o profeta puro, voltou como João Evangelista, o discípulo amado de Jesus, e depois ainda mais uma vez se consagrou como Francisco de Assis; Elias, o puritano e genioso profeta que exterminou os sacerdotes de Baal, reviveu na irascibilidade de João Batista, degolado a pedido de Salomé; Isaías, o consagrado profeta de ampla visão bíblica, encarnou-se na França como o famoso Nostradamus, cujas profecias muito se assemelham às daquele; Einstein, dando o roteiro da bomba atômica, revela a sua anterior encarnação como Demócrito, o fundador da atomística, estudioso da física e da matemática; José Bonifácio, político, escritor e jurisconsulto brasileiro, principal figura da independência do Brasil, renasceu como Rui Barbosa, repetindo a profissão, a índole política e se tornando um paladino contra a monarquia, a favor da República; Amenófis, inteligente e sensato médico da época de Ramsés II, volta noutra encarnação como João Huss, divulgando ideias corajosas e revolucionárias e, depois, regressa como Allan Kardec, o "bom senso" encarnado e responsável pela codificação gloriosa do Espiritismo; Anchieta, o grande amigo dos silvícolas e da caridade, toma outra vez o vestuário de carne, vivendo a figura de Frei Fabiano de Cristo, o venerado capuchinho da tradição cristã; Iron, o grande cacique inca, descobridor das florestas da Colômbia, retorna à Terra e, na figura de Cristóvão Colombo, cruza o oceano e descobre as próprias terras que lhe pertenceram no passado, sendo ainda reconhecido e saudado em espírito pelos seus velhos amigos da existência anterior e novamente encarnados; Átila pela segunda vez percorre a História, erguendo pirâmides de cabeças, na figura do feroz Gengis Khan; Antúlio organiza a mensagem de trabalho e a rota amorosa para a Atlântida, para milênios depois descer ao vosso orbe e iluminá-lo novamente, na figura do sublime Jesus de Nazaré.

Fica evidenciado, portanto, que, embora se dobrem os séculos e até os milênios, os espíritos ainda conservam por longo tempo a sua característica fundamental amorosa ou odiosa, benfeitora ou delituosa, revivendo em novas personalidades terrenas as mesmas virtudes ou as mesmas paixões perigosas, sem truncar a sua "linha psicológica" reencarnatória.

PERGUNTA: — E como se pode identificar o "cunho permanente" que, no perispírito, represente o caráter fundamental da alma, ou seja a sua maior virtude ou seu maior pecado? Há, porventura, algum código ou regras que facilitem essa identificação?

RAMATÍS: — Há certos fenômenos peculiares ao perispírito que nos permitem identificar o "cunho permanente" da alma, através da cor, temperatura, odor e magnetismo que formam a sua aura, clarificada pela luz interior ou então submersa em sombras.

Há perfeita relação entre todos os fenômenos do perispírito e as manifestações da alma, principalmente quanto às suas emoções e pensamentos, os quais se sintonizam com as cores áuricas. Em virtude de serem as cores padrões vibratórios que, ao se modificarem em sua frequência interior, também mudam no seu aspecto exterior, todos os matizes coloridos da aura perispiritual alteram-se ante a mais sutil vibração mental.

As emoções e os pensamentos angélicos são de alto teor vibratório, e por esse motivo produzem cores claras e formosas, em admirável simpatia com a natureza dessas manifestações elevadas da alma. É por isso que a tradição do vosso mundo diz que certas cores de matizes belos e munificentes identificam sentimentos do mais alto padrão espiritual; o rosa-claro exprime o amor puro; o verde-seda indica a esperança e a poesia da natureza, enquanto o branco lirial simboliza a pureza da alma.

Em sentido oposto, o preto significa as trevas ou a negatividade de qualquer sentimento benfeitor, enquanto o vermelho chamejante representa a cólera, o espírito de guerra ou o sangue.

Eis porque, de conformidade com a virtude ou estado pecaminoso que a alma desenvolve mais rigorosamente e passe a dominar a sua individualidade no tempo, também se firma um tipo de cor permanente na aura do seu perispírito, capaz de permitir identificar no astral a sua característica espiritual predominante. E as cores principais apresentadas pelo perispírito realmente correspondem às próprias interpretações que a sabedoria humana lhes atribui no mundo da carne, como explicado há pouco.

PERGUNTA: — Rogamos-vos mais alguns esclarecimentos sobre essa característica da cor, que no perispírito pode identificar o "cunho" ou a "característica permanente" da alma. Podeis atender-nos?

RAMATÍS: — A alma que durante muitas encarnações na matéria sempre se deixou dominar particularmente pela cólera ou a irascibilidade, tem como predominante no perispírito a cor vermelha, chamejante, que também se combina cromaticamente com o pecado da ira. Essa cor vermelha, que só se modificará quando a alma mudar para melhor, representa então a característica, ou seja o "cunho permanente", no perispírito, reconhecido pelos espíritos servidores do Bem.

Entretanto, outra entidade que já seja portadora de credenciais angélicas, cujas reencarnações terrenas tenham sido de serviço e de amor ao próximo, terá o seu perispírito aureolado de um rosa translúcido e de formoso matiz, a indicar que o "cunho permanente" dessa alma é o amor ou a ternura espiritual.

PERGUNTA: — E quais são as variantes da cor fundamental do perispírito?

RAMATÍS: — A alma — por exemplo — cuja característica fundamental é a cólera, motivo por que o fundo permanente de sua aura é o escarlate, toda vez que se deixar enlevar por algum pensamento de ternura e afeto para com seus semelhantes, mostrará na aura as nuanças da cor rosa escuro ou claro, conforme a razão, o interesse, ou o altruísmo desse sentimento. Sob a mesma lei de correspondência vibratória, se o espírito fundamentalmente amoroso se deixar dominar por pensamentos acidentais de cólera, sobre a sua aura rosa-puro manifestar-se-ão matizes da cor escarlate, formando manchas tão extensas quanto seja a intensidade da cólera. Estes são os sinais "acidentais" que vos temos enunciado, e que formam subitamente manchas, nódoas, pontos, faíscas, relâmpagos, figuras ou rendilhados coloridos sobre a cor fundamental do perispírito. Além desse processo identificador dos sentimentos, através das cores da aura humana, podemos conhecer o sentimento das criaturas através de outros fenômenos bastante correlatos e naturais do perispírito, tais como a sua temperatura, magnetismo e odor. Estes fenômenos são de manifestações atraentes e de estranha beleza quando observados nas almas excelsas, mas se tornam repugnantes e insuportáveis no perispírito das almas desregradas e em extrema delinquência espiritual.

Mas ainda insistimos em repetir que a luz é o fator de maior importância na manifestação de todos esses fenômenos do perispírito, como a guardiã fiel da identidade divina do ser e provinda do interior da própria alma emanada do Todo. É elemento original da fonte interior da vida cósmica, e que em angélica projeção ilumina todo o organismo perispiritual da alma benfeitora, destacando-lhe toda a beleza da cor, a suavidade da temperatura, a delicadeza do magnetismo e a fragrância balsâmica do perfume; mas, quando reflui para o recesso de si mesma, ante a rebeldia, a malignidade ou o aviltamento, as sombras envolvem o delicado tecido eterizado da alma e degradam todas as expressões de sua vida astral.

PERGUNTA: — Então podemos concluir que essas características das cores, temperamentos, odores e magnetismo no perispírito, que se modificam sob a ação do pensamento e do sentimento da alma, são os elementos que servem para identificar a natureza evolutiva dos espíritos desencarnados; não é assim?

RAMATÍS: — A comprovação de que a natureza evolutiva do espírito se revela nos fenômenos exteriores que identificam suas virtudes ou pecados é tão velha quanto a própria alma humana. A história e a lenda do vosso orbe sempre descreveram os santos e os anjos no seio de massas luminosas e cores celestiais, e os demônios envoltos pelo fogo, de aspectos sujos, grotescos e exalando o mau cheiro do enxofre, o que quer dizer que vós mesmos sabeis que a manifestação exterior da alma está em perfeito acordo com a sua qualidade interior.

Cada perispírito possui o seu odor, magnetismo, cor e temperatura, que constituem o fundo permanente da aura perispiritual e revelam o tom definitivo ou o sinal identificador do grau de evolução da entidade espiritual. É um verdadeiro livro completamente aberto, e exposto sem subterfúgios à visão dos mentores siderais; não há nele possibilidade de qualquer artificialismo ou esconderijo para se ocultarem as mazelas da alma. Enquanto as almas daninhas se atritam incessantemente, no conflito de suas próprias manifestações torpes, as benfeitoras ainda mais se estimam e se conjugam na extirpação de seus defeitos, reconhecendo que a vida angélica é um estado de pureza interior.

A configuração do perispírito e os fenômenos que com ele sucedem representam a síntese moral da própria alma, revelada para o exterior. Assim como na Terra argutos e hábeis quirólogos conseguem avaliar a estrutura psicológica e o caráter de certas pessoas, apenas porque lhes examinam a contextura e aparência das mãos, no Além a ciência transcendental de leitura do perispírito também permite identificar com facilidade a natureza psíquica dos espíritos em aprendizado primário.

PERGUNTA: — Rogamos escusas pelas nossas dúvidas, mas sentimos algum embaraço em compreender que no Espaço se possa avaliar o grau espiritual de algumas entidades apenas examinando-se a sua temperatura, magnetismo ou o odor do perispírito. Não vos seria difícil explicar melhor o assunto?

RAMATÍS: — Os médiuns eficientemente desenvolvidos podem vos informar como variam as sensações psíquicas provocadas sobre eles pelas diferentes naturezas dos espíritos comunicantes que, em extensa gama vibratória, atuam com fluidos que vão desde a impressão de extrema gelidez até o calor sufocante, quando se trata de infelizes delinquentes, e suaves e balsamizantes, quando se manifestam entidades amorosas. Os dois extremos se contrastam fortemente; de um lado, os desencarnados se sobrecarregam com odores repulsivos e sulfídricos e, em contraposição, as almas elevadas manifestam o fragrante aroma vivo da primavera espiritual.

Mas é conveniente não generalizardes o que vos dizemos pois, entre as trevas e a luz fulgurante, o mau odor e o perfume sutil, a cor trevosa e os matizes resplandecentes, ainda é muito extensa a escala que gradua todos os tipos de almas. Os espíritos terrícolas, em sua maioria, ainda são portadores de auras possuindo os coloridos intermediários mais diversos, pois situam-se entre os extremos que vos enunciamos, isto é, nem se revelam suficientemente diabólicos, com cores extremamente degradantes, nem bastante angélicos com os matizes celestiais.

Em geral, suas auras são impregnadas de expressões heterogêneas de todas as cores, temperaturas, odores, magnetismo e variações de luz e sombra. Os diversos sentimentos e a multiplicidade de pensamentos, que instantaneamente se entrecruzam nos seus perispíritos, semeiam-nas de todos os matizes acidentais, que então se destacam sobre a aura fundamental e o temperamento psíquico já predominante em sua jornada evolutiva. Daí o motivo por que os desencarnados, através do seu perispírito, reproduzem no mecanismo endócrino e no sistema nervoso sensibilíssimo do médium as próprias características de temperatura, odores e sensações psíquicas, que causam prazer ou repulsa.

Como o perispírito é portador dessa variedade de elementos, que tanto o identificam como entidade superior, delicada e bela, ou como uma veste da alma inferior, envolta em suas emanações repulsivas, a tradição bíblica descreve o inferno como um lugar de temperatura extrema, chamejante, e povoado por demônios que exalam o odor repugnante do enxofre.

No entanto, em sentido oposto, o céu é descrito como um panorama resplandecente de luz, impregnado de perfumes, melodias e cores belíssimas, que se casam às auras formosas e refulgentes dos anjos.

Em verdade, os espíritos do bem são revestidos de luz intensa, cores translúcidas e límpidas, cujos fluidos são odorantes, balsâmicos e curadores, despertando júbilo e ternura a sua presença. Entretanto, as entidades malfeitores desregradas e sofredoras encontram-se imersas em halos sombrios, revestidos de cores sujas e odores repugnantes, cuja temperatura é extremamente gélida ou então opressiva e sufocante, pois o seu magnetismo só se alimenta do entrechoque das paixões ínfimas e animalizadas.

PERGUNTA: — Para nossa melhor compreensão, poderíeis nos descrever, por exemplo, a natureza das cores, luzes, odores ou magnetismo próprios da aura de uma alma absolutamente cruel, debochada ou rebelde aos ensinamentos superiores?

RAMATÍS: — Queremos advertir-vos de que não existe no Cosmo um tipo de alma absolutamente subvertida, porquanto somos todos oriundos da mesma essência fundamental do espírito de Deus, e por esse motivo também estaremos garantidos por uma partícula angélica, que intimamente nos impulsiona para o Bem. Em verdade, já nos originamos incapacitados para o "mal absoluto", porque a nossa finalidade é ascender para Deus, que é a fonte de nossa vida.

Podemos cobrir uma lâmpada elétrica com envoltórios os mais espessos e até pichar à vontade a sua superfície de vidro; no entanto, não conseguiremos extinguir a sua luz interior, que sempre há de permanecer debaixo da sua forma protetora de vidro, exceto se a desligarmos da energia fornecida pela usina. Isso também se dá conosco; somos impotentes para nos cobrirmos de trevas absolutas ou, então, extinguirmos o princípio criador em nossa alma. A fonte que nos gerou, constituída pela luz absoluta do Espírito Divino, ninguém poderá extingui-la, nem romper os elos que a ela nos ligam.

Essa luz íntima, que existe em nós todos, quer sejamos demônios ou anjos, é o cunho definitivo de nossa individualidade eterna, permanecendo como incessante atração para a fonte original que nutre e ilumina o Cosmo. É chama espiritual, indescritível, como garantia absoluta do "elo religioso" entre a criatura e o seu Criador; é a luz que realmente alimenta o nosso espírito em sua pulsação de vida eterna. Todas as existências malignas e de crueldades, das quais já temos participado no pretérito das trevas de nossa ignorância, significam alguns punhados de fuligem atirados sobre a eterna e formosa lâmpada de luz imorredoura, que forra a nossa consciência espiritual.

Quando todos os homens descobrirem em si mesmos a sua fulgurante identidade sideral, existente no profundo recesso do seu "ego", os seus esforços hão de convergir para a mesma Ventura, dispensando-se todas as religiões e doutrinas, que ainda discordam e separam, mas que serão desnecessárias depois que as criaturas comprovarem que são oriundas da mesma fonte criadora. Repetimos: não há alma absolutamente pervertida, pois, se assim fosse, justificar-se-ia a crença absurda e infantil no Diabo eterno. O mais execrável e cruel demônio das trevas, que puderdes conceber para o fundamento de nossas asserções mediúnicas, de modo algum poderá ser considerado eternamente maligno. Ele nunca poderia se libertar da divina centelha de luz, que também havia de pulsar na intimidade do seu ser e abalar a sua personalidade inferior forjada no tempo e no espaço. Em face do ritmo de ascensão sideral, que orienta implacavelmente o espírito para a luz, como base definitiva de sua consciência, o anjo gasta menos esforços para não prevaricar, do que as energias que o Diabo precisa despender para não se angelizar.

Assim como as almas benfeitoras, por qualquer descuido ou invigilância, podem entrar em contato com as zonas trevosas, os espíritos extremamente pervertidos também permanecem atentos e procuram endurecer os seus próprios ouvidos espirituais, a fim de não se deixarem vencer pela "voz silenciosa" que, no recesso de suas almas, os convida incessantemente para a gloriosa angelitude. Mesmo no âmago da alma extremamente perversa, a lâmpada divina permanece eternamente acesa, impedindo o completo domínio das Trevas. É por isso que os mais terríveis malfeitores do Além terminam cedendo em sua rebeldia e crueldade, dobrando os joelhos, afogados pelos soluços de arrependimento, clamando por suas culpas e vencidos pela chama eterna do Espírito do Pai que, no âmago de suas almas, consegue atravessar as sombras espessas e modificar-lhes a consciência para a realidade do espírito angélico.

PERGUNTA: — Não se poderia supor que a luz existente no imo da alma, e que emana do próprio Deus, nunca deveria ser dominada pelas trevas do mundo exterior? É plausível esta nossa indagação?

RAMATÍS: — Todos os propósitos espirituais benfeitores aceleram a dinâmica do perispírito e, por isso, facilitam a expansão de luz; entretanto, as intenções maléficas são letárgicas e favorecem a condensação das trevas. Desta forma, como a luz é na realidade o princípio basilar da vida espiritual e a essência mais pura conceitual de Deus, o espírito nimbado de luz também clareia, purifica e acelera continuamente o tom vibratório de todas as demais funções do seu perispírito. A luz indestrutível, que vem do núcleo íntimo de sua verdadeira consciência espiritual, é que também coordena a contextura do perispírito, clareando o seu trabalho fisiológico e iluminando toda a sua configuração anatômica. O aceleramento e a fluência de luz interior clarifica então as cores, eleva o tom vibratório dos odores astrais, refresca a sua termodinâmica e balsamiza a alma no contato mais feliz com a essência elevada das esferas angélicas.

No corpo físico, a temperatura sempre resulta do trabalho específico dos "centros térmicos", enquanto que no perispírito, embora sob outro processo sutilíssimo, esse metabolismo depende de maior ou menor nutrição de luz interior; esta, por sua vez, só aflui pela natureza dos pensamentos e das emoções elevadas do espírito. O equilíbrio espiritual, provindo dos pensamentos regrados, proporciona limpidez ao perispírito e o desafoga para maior filtração de luz, resultando a suavização da temperatura magnética, fragrância de perfumes e purificação das cores, enquanto que as trevas reduzem o metabolismo delicado da vestimenta perispiritual, assim como o inverno retarda o dinamismo da vida.

Na alma devotada ao mal, as sombras aderem como fuligem redutora do delicado funcionamento "etereoastral" do perispírito, resultando disso uma verdadeira restrição de vida. Então se processa acentuada redução vibratória; a temperatura desce à gelidez, o magnetismo se torna irritante e opressivo, porque se desequilibra na sua dosagem transcendental; as cores da aura baixam para o tom sujo e terroso, pesando no sistema perispiritual qual um denso manto de fluido pegajoso; o odor se torna tão repugnante, por vezes, que certos espíritos chegam a exalar emanações cadavéricas.

Enquanto os encarnados podem se apresentar com o corpo limpo e odorante, servindo-se dos recursos comuns do banho e do sabão perfumado, no mundo astral a desejada higiene só pode ser conseguida pelo banho de luz projetado na intimidade da alma. E essa luz, como já vo-lo dissemos, aumenta tanto quanto a alma se angeliza e reduz-se tanto quanto ela se degrada.

PERGUNTA: — Então podeis nos descrever quais seriam as características particulares apresentadas pelo perispírito de uma alma trevosa e de grande potencial diabólico?

RAMATÍS: — A fim de melhor esclarecer o assunto, damos um exemplo bem claro: Suponde a existência de um espírito cuja característica fundamental, ou seja, o seu "cunho permanente", seja a de profundo egoísmo. É este o seu defeito fundamental, a marca de sua exclusividade pessoal, o selo delituoso aposto em todos os seus atos, serviços e projetos, tanto no mundo astral como no material. Há de ser um espírito, pois, cuja vida se move em torno do mais frio e completo egoísmo. Qual seria, então, o quadro geral da configuração e dos atributos do perispírito dessa alma excessivamente egoísta? Qual a cor e quais os fenômenos indicados pela sua aura?

A cor do egoísmo, na escala sideral, é o pardo brilhante, a

forrar-lhe todo o perispírito; não com um brilho translúcido ou refulgente, mas apenas com um reflexo oleoso e sujo sobre o tom fundamental; o odor astral, próprio do egoísta permanente, recordar-vos-ia as emanações apodrecidas dos legumes no máximo de sua deterioração. A sua temperatura seria extremamente gélida, causando grande sofrimento aos médiuns de incorporação, pois o egoísmo, como sentimento de exclusivo interesse pessoal, é psiquicamente isolante, como se o seu portador vivesse solitário, num círculo de gelo. O magnetismo peculiar do egocentrismo é coercitivo e denso; por isso, quando em contato com outras almas de tendências simpáticas, torna-se um multiplicador de vibrações egotistas.

Através do magnetismo perispiritual de que todos nós somos portadores, e que varia de conformidade com a natureza da alma, é que as entidades perversas ou os espíritos sofredores produzem os estados emotivos de angústia ou então conseguem ativar as paixões perigosas nos encarnados. Certas criaturas portadoras de faculdades mediúnicas desenvolvidas sem a moldagem evangélica, quase sempre não passam de meros prolongamentos vivos dos malfeitores do Além, que pouco a pouco as tornam viciosas, ferinas e interesseiras, fazendo-as até descrerem de sua mediunidade e da própria realidade espiritual. A sensibilidade mediúnica, cada vez mais florescente na Terra, aumenta a oportunidade para os desregrados do Além atuarem com o seu magnetismo viciado sobre os encarnados, pois os influenciam apenas com a sua simples presença, mesmo sem quaisquer interesses secundários.

Já vos enunciamos, em obra anterior, que algumas mulheres parturientes, pelo tipo de influência magnética nociva, do espírito a se encarnar, chegam até a modificar o seu temperamento comum, algumas variando para pior no seu caráter bem formado, a ponto de sentirem aversão às virtudes espirituais afins ao seu temperamento.

PERGUNTA: — E quais seriam os sinais acidentais que poderíamos notar na aura daquele espírito extremamente egoísta, que nos serviu de exemplo?

RAMATÍS: — Sobre sua aura de cor parda brilhante e reflexiva pela sujidade oleosa, poderiam se manifestar, acidentalmente, outras nódoas, manchas escuras repelentes, ou mesmo indícios de cores claras e belas, que seriam as variações dos sentimentos, emoções ou pensamentos, que também possam se manifestar de modo acidental numa alma "fundamentalmente" egocêntrica.

PERGUNTA: — E qual seria a natureza exata dos pensamentos responsáveis pelas formas, cores, manchas, sinais ou nódoas acidentais, na sua aura parda?

RAMATÍS: — Já vos explicamos que não há espírito absolutamente perverso, pois mesmo no estado do mais profundo egoísmo, que é a paixão do excessivo amor ao bem próprio e desinteresse pelo alheio, ele tem momentos de angústia, saudade, ternura ou remorso, que são provenientes do impulso expansivo e ascensional, que incessantemente se origina da centelha divina palpitante do imo da alma.

O espírito, por mais desprezível que se nos apresente, sempre é vulnerável a certo afeto, a algum ideal recalcado, e também pode ser vítima de suas próprias reflexões dolorosas ou desespero interior. Mesmo os seres mais diabólicos não deixam de ter saudade da família e de certos amigos que deixaram na Terra, assim como há momentos, no recôndito dos seus corações, em que clamam pela exaustão da própria maldade. Como a tendência inata da alma é a Ventura Espiritual, em afinidade com a natureza da centelha de luz interior provinda de Deus, sendo as trevas uma condição anormal, as entidades satânicas são como os viciados no álcool, que teimam em defender o sofisma de que assim é a verdadeira vida e o prazer de viver.

Malgrado os entusiasmos e os poderes diabólicos, os gênios do mal comprovam que precisam viver em constante defensiva e vigilância, pois não ignoram que são odiados e vigiados pela desconfiança e hostilidade dos próprios associados e sequazes, que anseiam por suplantá-los. O diabolismo não é um estado de malignidade definitiva, porque é visitado incessantemente pelas oscilações benéficas, que vêm da intimidade espiritual e lhe enfraquecem a estrutura subversiva.

Esse surto de pensamentos e sentimentos com intenções renovadoras, no psiquismo embrutecido, é que produz novos efeitos de cores claras e límpidas sobre a aura permanente, e que em nosso exemplo tem o tom pardo terroso do egoísmo.

São os sinais "acidentais" que se manifestam à superfície do perispírito, variando de conformidade com os sentimentos em jogo, nas cores correspondentes aos mesmos.

PERGUNTA: — Podeis nos citar algumas dessas variações e suas respectivas cores?

RAMATÍS: — Supondo-se que a alma profundamente egocêntrica, do nosso exemplo, se deixasse tomar momentaneamente por alguns impulsos de orgulho, ciúme e cólera, estas seriam outras paixões acidentais projetadas sobre o seu egoísmo. Então, sobre a cor áurica pardo-oleosa permanente, do egoísmo, surgiriam nódoas ou fragmentos de alaranjado escuro e brilhante, verde em matiz sujo e encarnado chamejante, que identificam, respectivamente, os padrões cromáticos ou vibratórios do orgulho, ciúme e cólera. Em outro sentido, supondo-se um espírito cuja paixão fundamental fosse a cólera, a cor permanente de sua aura seria então um encarnado afogueado; desde que acidentalmente tivesse alguns assomos de egoísmo, o fenômeno seria inverso, pois nessa aura de encarnado permanente apareceriam nódoas ou manchas esparsas, de cor parda oleosa e suja, que é a cor do egoísmo .

Os sentimentos de tolerância e urbanidade revelam-se por alguns matizes de um verde-claro e transparente; a saudade fraterna ou o amor sincero se denunciam pelo rosa-claro, enquanto que a ansiedade espiritual elevada se manifesta por uma formosa tonalidade de azul-claro, luminescente, e essas cores, como formosas centelhas policrômicas, têm alguns momentos de vida, como sinais acidentais elevados sobre a aura fundamental do espírito.

PERGUNTA: — Tomando por base o exemplo que destes, de um tipo de alma extremamente egoísta, quais seriam, em sentido oposto, as características assinaláveis no perispírito de uma alma elevadíssima?

RAMATÍS: — Um espírito elevadíssimo e de imenso amor para com a humanidade, como Francisco de Assis, por exemplo, possui uma aura fundamentada em um tom rosa claríssimo, impregnado de suaves matizes de lilás resplandecente, indescritíveis à visão humana, em que o rosa interpreta o amor incondicional e o lilás a humildade espontânea. Mas um tipo espiritual mais afim à natureza de um Buda, por exemplo — cujo equilíbrio e santidade muito deviam à sua grande sabedoria e a um mentalismo de alta espiritualidade —, deve possuir uma aura baseada num amarelo dourado, formoso e franjado de azul-claro, em cintilantes filigranas a lhe formarem extenso bordado. Esses tons indicam também elevada sabedoria espiritual, quando aliada ao poder de grande concentração mental.

Suponhamos que se trate de um espírito da mais extrema e consciente humildade, vivendo a espontaneidade da flor em viva doação ao mundo: a sua aura pode ser formada por um rosa formoso claro, ou então pelo lilás resplandecente, exsudando o mais suave aroma de violeta sidérea; se além da humildade ele já tiver alcançado os dons da sabedoria sideral, o admirável lilás tanto pode se apresentar matizado de lantejoulas douradas e refulgentes, entrecortadas de fios diamantíferos, com reflexos amarelos, como envolto por majestoso rendilhado fulgindo no matiz do ouro.

Só a aura de Jesus, com a sua cor lirial, imaculada, e impossível de ser concebida pela mente humana, apresenta manifestações mais belas do que as que estamos descrevendo no momento.

Em sintonia com as cores áuricas das entidades de alta vibração espiritual, também se manifestam os demais fenômenos do perispírito, como o magnetismo balsâmico, a temperatura sedativa e os odores inebriantes que lembram os do jasmim, da violeta, do sândalo ou da açucena. Quando algum médium muitíssimo sensível consegue pressentir a aura de algum desses gloriosos espíritos, guarda uma recordação imorredoura em sua vida. Muitas criaturas eram curadas ao simples toque nas vestes de Jesus, enquanto outras se sentiam tão hipnotizadas à sua presença, que asseguravam ter visto as luzes dos anjos e sentido o perfume dos céus, em torno da aura do sublime Cordeiro de Deus.

PERGUNTA: — É por causa desses fenômenos que certos videntes aludem a espíritos que já "têm luz", enquanto outros se lhes aparecem imersos nas sombras?

RAMATÍS: — A humanidade terrena vai pouco a pouco despertando para o entendimento dos valores intrínsecos das cores, que excedem muito de sua natureza substancial exclusiva e mesmo de apresentação emotiva. Atualmente, já se constroem hospitais cujos aposentos são decorados de acordo com as necessidades terapêuticas de cada doente, comprovando-se que a cromática — ciência da cor — desenvolve-se gradativamente através do estudo dos efeitos dos matizes coloridos sobre o caráter e a psicologia humana. Muitos pintores modernos têm se desinteressado das formas exclusivamente acadêmicas, com suas configurações clássicas, para só se dedicarem à pesquisa da pintura em função exclusiva da misteriosa mensagem espiritual da cor.

Surge-lhes a esperança de que, na intimidade singela das cores, seja encontrada uma das mais importantes mensagens capaz de colocar o homem em relação experimental com os matizes fenomênicos do mundo astral.

Os estudos sobre o efeito da cor no sistema nervoso já se afastam da observação puramente objetiva, porque o homem já começa a perceber sua influência direta na psique humana; no futuro, os cientistas poderão avaliar as nuanças do caráter e as tendências dos espíritos encarnados examinando as irradiações cromáticas de suas auras, que muito em breve começarão a ser sensíveis no aparelhamento dos laboratórios terrenos.

E quando o homem puder verificar que a criatura humana irradia de si um tom colorido, em perfeita sintonia com o seu caráter e temperamento psicológico, é certo que haverá completa reforma pedagógica e correcional no vosso orbe. Mesmo a solução do problema do menor delinquente será bastante favorecida, graças aos diagnósticos a serem obtidos pelo exame das cores áuricas, e pela possibilidade de se poder ajustar cada espírito reencarnado ao seu ideal e à fonte emotiva protetora do seu tipo psíquico.

A "cromática astral" é ciência a que no Além os espíritos se devotam com muito carinho, representando um avançado ramo do cientificismo transcendental, que no futuro será divulgado ao vosso mundo. Estudando-se os efeitos áuricos coloridos, poder-se-á descobrir com mais facilidade a origem dos pensamentos prejudiciais ou tolos, das crianças, e então poderão elas ser encaminhadas para um curso benfeitor, evitando-lhes as inconsciências perigosas e os efeitos reflexivos das vidas anteriores.

É certo que os videntes encarnados já podem distinguir algo do padrão fundamental benéfico ou maléfico, sadio ou enfermo, das almas desencarnadas, ao perceberem que as felizes são nimbadas de luzes e emanações atraentes, enquanto as infelizes e escravas das paixões inferiores têm o seu perispírito confundido com as sombras opressivas.

PERGUNTA: — Por que motivo não podemos aplicar a nós mesmos essa admirável ciência das cores, que identifica as diversas emoções e os fundamentos psíquicos da alma? E por que nos custa tanto compreender que o pensamento seja o dínamo propulsor de todo esse mecanismo imperceptível para os nossos sentidos comuns?

RAMATÍS: — Ainda são raros os encarnados que podem compreender quão poderosa é a força do pensamento e o seu maravilhoso poder de alquimia sideral, que modifica a vestimenta perispiritual da alma. Como ainda não podeis comprovar objetivamente a força mental que provoca as modificações plásticas e fundamentais no organismo de carne, duvidais da presteza e do poderio ideoplástico com que essa mesma energia mental pode modificar o vosso perispírito. A encarnação obscurece o poderoso dínamo da memória etérica, fazendo-a esquecer a sua realidade maravilhosa do Além, e por esse motivo também não vos é dado compreender todas as funções admiráveis das cores, em sua sutil operação sobre a vossa emotividade espiritual.

PERGUNTA: — Então é por causa dessa força do pensamento, atuando fortemente e podendo modificar o perispírito, que alguns desencarnados assumem a forma e a fisionomia animalescas?

RAMATÍS: — É evidente que, se os pensamentos nobres e as ações boas aperfeiçoam a forma do perispírito, estampando no semblante dos seres os traços da ternura e beleza espiritual, os aviltamentos imprimem nele as linhas monstruosas e produzem estigmas animalescos na criatura. Os das paixões descontroladas vergastam terrivelmente a contextura delicada da fisionomia perispirítica, cunhando nela a configuração e o aspecto da predominância animal do passado. A alma é a exclusiva responsável pelos seus próprios pensamentos, sejam bons ou maus, agradáveis ou horripilantes.

A conhecida teoria das "ideias fixas", tanto tempo comentada pelos discípulos de Freud e pelos estudiosos da psiquiatria, constantemente é indicada como a responsável pelos mais variados tipos de alienações mentais de infelizes criaturas dominadas pelos estigmas esquizofrênicos.

Mas o certo é que os psiquiatras comumente ignoram que muitos desses estigmas ultrapassam os limites do berço físico, pois têm suas origens principais no passado longínquo. Quantas vezes o tipo popular de rua não passa da reprodução viva do reflexo doentio do passado, quando o seu espírito perturbou-se pela sagacidade intelectual, pelo excesso de riqueza, pelo abuso do mando ou por qualquer privilégio aristocrático.

A humanidade pouco sabe ainda do poder criador ou destruidor que se encerra na simples emissão de um pensamento e que, agrupando as energias dispersas e emitidas por outras mentes que funcionam na mesma faixa vibratória, pode ser arregimentado para os objetivos mais perigosos. As "formas pensamento" que se plasmam continuamente nos centros cerebrais produzem substâncias imponderáveis para a rudeza dos sentidos físicos, mas grandemente influenciáveis no sistema nervoso e endocrínico, podendo tanto acelerar como retardar a produção de hormônios do sistema glandular.

É de senso comum que a glândula tireoide é de grande importância no desenvolvimento somático do indivíduo e na sua manifestação psíquica no mundo; o seu simples aceleramento fisiológico basta para que se produzam certas alterações no rosto, como, por exemplo, os olhos esbugalhados e a fisionomia angustiada, roubando a serenidade habitual da expressão humana. Embora se procure verificar cientificamente o roteiro carnal que compõe ou altera a fisionomia, o certo é que esta se plasma vigorosamente influenciada pelas energias psíquicas, que atuam nos sistemas responsáveis pela sua exteriorização objetiva, como os hormônios, por exemplo, que, influindo na circulação, aceleram ou reduzem os movimentos musculares e ajustam as coletividades celulares, dando a conformação biológica.

É indiscutível a profunda diferença entre um rosto humano de semblante sereno e convidativo e o de outra pessoa que vive num ritmo de sofrimento atroz ou que tem os olhos esbugalhados e a palidez cadavérica, por causa de um acontecimento assustador.

Notai que os extremos fisionômicos, da alegria e da dor, que em alguns segundos podem se mostrar na mesma criatura, parecem retratar dois indivíduos completamente diferentes entre si. O homem pessimista, letárgico ou hipocondríaco sente dificuldade até para rir, pois é de catadura conventual e aspecto desanimador, capaz até de perturbar o sorriso da criança. No entanto, aquele que vibra sob o júbilo das atividades construtivas e busca os bens superiores, aceitando a vida humana como um ensejo educativo de libertação espiritual, imprime no seu rosto um cunho estimulante e de simpatia, que a própria velhice custa a roubar das faces.

Que é isso tudo senão o resultado do próprio modo de a criatura pensar e viver as suas emoções em contato com o mundo? Embora seja o mecanismo funcional do corpo físico o que modifica a expressão da fisionomia humana, através das operações seletivas dos seus sistemas orgânicos, é a mente que plasma no rosto aquilo que a alma cultiva e extravasa entre as fronteiras do seu psiquismo. O rosto apenas reflete para a luz do mundo material aquilo que a alma já configurou com prioridade no seu mundo astral e mental. Por isso é que encontrareis do lado de cá profundos estigmas animalescos no espírito desencarnado, pois a sua forma, tendo sido violentada pelo bombardeio das forças mentais perniciosas, deformou-se nas suas tradicionais linhas de forças magnéticas e coordenadoras da configuração humana.

O homem que chafurda continuamente no charco das paixões inferiores faz reviver em si mesmo os velhos estigmas da sua animalidade ancestral e, conforme o tipo da paixão que cultuar mais desbragadamente, também provocará em si mesmo um desenvolvimento enfermiço da configuração do animal que mais vivamente reproduza aquele tipo de paixão.

Daí o motivo por que ser-vos-á possível encontrar no mundo astral glutões de olhos miúdos, encravados num rosto afunilado e de narinas achatadas, com forte estigma suíno;

espíritos avaros, de olhos cúpidos e rosto adunco, de mãos e pés crispados como garras, perfeitamente comparáveis à ostensiva figura do abutre; ou então criminosos vorazes e cruéis, com a fisionomia alongada e orelhas pontiagudas ao lado de olhos de aço, que se movem felinamente como o lobo à espreita da vítima.

PERGUNTA: — Então o instinto animal prepondera sobre o psiquismo humano já desenvolvido através da trajetória milenária?

RAMATÍS: — Conforme já vos dissemos, o perispírito é um efervescente aglomerado de energias que assumem rapidamente as mais inconcebíveis configurações, obediente à força do pensamento e ao desejo do espírito, ao passo que o pesado corpo de carne é como um biombo que, só depois de muito tempo, expõe ao mundo exterior as transformações definitivas da alma. Quando as emoções violentas explodem de súbito naqueles que ainda não possuem o controle evangélico sobre as paixões animais, elas produzem na aura os sinais flamejantes do relâmpago, ou centelhas ameaçadoras, em cores vivíssimas, que se ajustam hermeticamente ao conteúdo mental e às emoções descontroladas.

Como o perispírito é um produto de milhares de séculos, tendo se caldeado lentamente desde as espécies mais inferiores, é óbvio que ele ainda possui em sua contextura a síntese atávica de todas as paixões, impulsos e instintos animais, que não só lhe forneceram o magnetismo criador, como ainda protegeram a sua configuração e os seus primitivos ensaios de ancestralidade biológica.

Os cientistas do vosso mundo têm elaborado exaustivos compêndios de anatomia, fisiologia, genética, zoologia e embriologia, nos quais tratam de todas as minúcias do corpo físico. Assinalam que os próprios segmentos de vários órgãos internos muito se assemelham a determinados aglutinamentos de formas embrionárias, como répteis, batráquios e aracnídeos, que mais parecem ter se agregado disciplinadamente, para então se constituírem em vigorosos sistemas orgânicos do corpo humano.

Sob a mesma regra de hereditariedade física biológica, também há no perispírito um produto psíquico, como resultante de sua concentração energética nos planos interiores da vida, que possui algo da influência evolutiva dos próprios vermes, répteis e animais que contribuíram para formar o organismo instintivo do homem, apropriado ao desenvolvimento de sua razão. Indiscutivelmente, é bem grande a diferença de ação e instinto entre as próprias espécies animais: a raposa sobrevive requintando a sua astúcia inata; o leão, símbolo de lealdade animal, enfrenta o adversário em campo aberto; o tigre ataca traiçoeiramente e, farto, se retira; mas a hiena, cruel e vingativa, mata pelo simples prazer de destruir.

E já se podem anotar diferenças de temperamentos psíquicos até no semblante do animal, pois há enorme distância emotiva no olhar nobre do cão inteligente e amigo, comparado à expressão cínica do olhar do macaco. Na própria raça ou espécie já diferem os estigmas que revelam a paixão interior; o cavalo ereto e fogoso, cujo olhar é inteligente convite para a galopada, não parece irmão do animal humilhado ao varal da carruagem, olhos no solo, já meio insensível ao chicote e entregue passivamente à sua sina. Cães nascidos da mesma prole revelam paixões diferentes entre si; há o valente que enfrenta o próprio homem, o covarde que foge do gato esquelético, o traiçoeiro que ataca sorrateiramente e o fleugmático, cujo sono ninguém perturba.

Essa dinâmica das paixões animais, que varia entre os próprios grupos raciais, é que comanda então os estigmas, assim como na licantropia o paciente chega a transformar a fisionomia pela ideia fixa de supor-se um lobo.

PERGUNTA: — Dentro da nossa compreensão humana, é difícil entendermos essa relação "psíquica" entre os animais e o perispírito do homem pois, na tela de nossa mente, os animais se parecem a seres demasiadamente físicos, como uma superação já vencida do passado, e impotente para impor os seus estigmas primários.

RAMATÍS: — Há um psiquismo acumulado e latente no organismo físico, que é a soma de todo o esforço de adaptação ao meio por parte da espécie animal; o corpo humano mais se assemelha a um "coquetel" composto com um pouco do psiquismo coordenado de cada espécie animal, que tem servido na esteira do tempo para formar o automatismo da vida instintiva e ligar o feto à matriz uterina. Nessa hora do encontro do espírito com a carne, o homem e a mulher, configurando dois campos magnéticos opostos, transmutam energias vindas do Alto e forças criadoras do mundo instintivo, dosadas pela psique animal, as quais fazem o seu misterioso enlace na zona do "plexo abdominal", que é o exato limiar controlador dos automatismos criadores.

O corpo humano é um vaso vivo de energias milenárias, colocadas ao serviço do espírito encarnado, mas que reagem à sua atuação e tentam impor os seus valores instintivos caldeados no pretérito. O espírito tanto pode se tornar um comandante vigoroso e emancipado, capaz de controlar o seu exército de entidades microscópicas, como também se transformar num infeliz farrapo psíquico, arrastado sob o império dos estigmas do atavismo animal. E se não houvesse essa reação incessante, a matéria perderia a sua razão de existir e a sua utilidade pedagógica pois, na falta do inferior para acicatar o superior, é óbvio que ocorreria a estagnação espiritual. Graças a esse entretenimento milenário é que se desenvolve o raciocínio e se apura a consciência espiritual da alma encarnada.

O espírito, o perispírito e o corpo terminam formando uma só entidade nesse aspecto trifásico: o pensamento, a energia e a matéria. Daí os motivos por que ainda perduram na ação perispirítica do corpo físico os velhos estigmas das paixões animais, como produto resultante dos períodos de formação da carne e da organização humana. O corpo pode ser comparado ao positivo da fotografia; revela à luz exterior o conteúdo exato do negativo psíquico; mas é necessário convir em que, para a revelação perfeita do seu conteúdo, também precisam existir ingredientes químicos e apropriados para a materialização do psiquismo na tela física.

E são os impulsos da ancestralidade animal que representam o "revelador" químico com que a alma reproduz, no corpo físico, o seu conteúdo psíquico, para depois retificá-lo no frenamento compulsório pelas rédeas da vida física.

PERGUNTA: — Não poderíamos considerar as paixões como produtos exclusivos da carne?

RAMATÍS: — Não pretendemos afirmar que as paixões sejam produtos exclusivos da carne e não do próprio psiquismo, assim como ser-vos-á impossível determinar exatamente a fronteira onde ambos se separam; por isso, recomendamos que eviteis o equívoco do extremismo, pois na vida cósmica nada subsiste completamente isolado.

Há vida embrionária tanto na pedra, que se apura para habitar expressões mais evoluídas, como no potencial de energia livre com que o espírito modela o seu corpo físico e o ajusta à disciplina das forças atávicas das espécies animais. Daí a luta incessante entre as forças psíquicas despertadas na alma e as energias vigorosas da descendência animal, que servem para plasmar, no cenário da matéria, o seu veículo físico de progresso, e ao mesmo tempo torná-lo um instrumento retificador das mazelas e imprudências pregressas. Ante a mais sutil displicência mental, o corpo físico reage, atento e impulsionado pelo seu atavismo inferior; no entanto, só a vontade espiritual treinada ou a inspiração superior pode fazer cessar essa violência instintiva ou dar-lhe uma direção construtiva.

A mesma força mental explosiva que, num homem vigoroso, aciona-lhe o braço e fá-lo esmurrar o seu adversário, pode existir ainda com mais veemência no paralítico humilhado, cuja cólera deixa de se materializar através da brutalidade física, mas pode se revelar mais violenta no seu olhar enfurecido. É força represada no intercâmbio milenário, pronta a agir mesmo sob o menor impulso mental, fazendo com que o espírito, por vezes, imediatamente se arrependa da reação violenta a que deu corpo por qualquer singela provocação.

Se não fora a força do psiquismo oculto e também atávico, do animal, talvez muitos homens pudessem represar as suas precipitadas ordens mentais de reagir, que intempestivamente os levam à violência. Mas o instinto animal quando acorda no seu psiquismo milenário, que é só impulso e instinto, não dá mais tempo para que o espírito possa freiá-lo e mudar de ideia, salvo quando já dispõe do admirável domínio das paixões inferiores, como ensinado por Jesus.

De outra forma, a alma só pode se tornar em uma imprudente colecionadora de "estigmas" animais.

A mente

PERGUNTA: — Seria útil para a doutrina espírita estudar a mente, no sentido de investigar todos os seus refolhos, como fazem o esoterismo, a teosofia, a rosa-cruz e a ioga?

RAMATÍS: — Evidentemente, deve interessar à doutrina espírita o estudo profundo de todas as faculdades, poderes e recursos do espírito imortal, a fim de apressar a evolução da humanidade. E, sendo o espiritismo um movimento espiritualista prático e popular, sem complexidades iniciáticas, sua principal missão é transmitir o conhecimento direto da imortalidade e ensinar aos homens os seus deveres espirituais nas relações com o próximo.

PERGUNTA: — Que achais da bibliografia espírita sobre o estudo da mente?

RAMATÍS: — Embora não existam compêndios espíritas especializados sobre o estudo da mente, já é bem extensa a bibliografia que trata desse assunto de modo prático e bastante compreensível. São escritas, comunicações e mensagens mediúnicas dispersas, em várias obras, revistas, jornais e panfletos doutrinários, constituindo excelente repositório de conhecimentos, análises e soluções sobre os problemas da mente.[1]

---

[1] Vide "Ante a vida mental", obra *Roteiro*; "Guardemos saúde mental", obra *Pão Nosso*, ambas de Emmanuel; *Parasitose Mental*, de Dias da Cruz, *Pensamento*, de Lourenço Prado; "Concentração Mental", André Luiz e "Fixação Mental" de Dias da Cruz, capítulos da obra *Instruções Psicofônicas*, de F. C. Xavier. Vide "Os Fantasmas da Mente" de Albano Couto, "Nem Mesmo Jesus", de Alberto Seabra, da obra *Seareiros de Volta*, do médium Waldo Vieira; "A

PERGUNTA: — Há necessidade de uma terminologia específica, ou linguagem apropriada, para se compreender a natureza da mente?

RAMATÍS: — Sem dúvida! Os orientais, principalmente os hindus, apercebem-se facilmente dos arrazoados complexos sobre a mente — embora eivados de alegorias, símbolos ou chaves iniciáticas —, porque sentem, através de tais recursos, aquilo que a palavra escrita não pode exprimir na sua frieza. Os ensinamentos orientais parecem complicados na sua expressão figurada, quando compulsados pelos ocidentais, cujo intelecto é avesso a símbolos, terminologias exóticas, alegorias convencionais ou aforismos poéticos. Mas, aquilo que o ocidental precisa "ver" claramente para "crer" o oriental "sente" pela sua avançada sensibilidade intuitiva. Os antigos sacerdotes, magos ou instrutores da vida oculta eram obrigados a resguardar os seus conhecimentos esotéricos, a fim de evitar que os leigos fizessem mau uso de tais revelações.

Todavia, a missão do espiritismo no século XX é explicar, à luz do dia, a prática desses ensinamentos milenários do mundo espiritual, os quais só eram acessíveis aos discípulos iniciados nas confrarias de mistérios. Cumpre à doutrina de Kardec transferir para a capacidade psíquica do ocidental aquilo que os mestres hindus, caldeus, assírios, egípcios ou persas ministravam sob hieróglifos, símbolos, códigos ou sinais cabalísticos.

PERGUNTA: — Poderíeis explicar-nos algo proveitoso sobre a mente?

RAMATÍS: — A mente é o principal meio de ação do espírito sobre as formas ocultas ou visíveis da matéria; é responsável por todas as criações e metamorfoses da vida. Há muitos séculos, já se citava, na Terra, o sábio aforismo hindu: "o homem se converte naquilo que pensa"; equivalente, também, ao conceito ocidental de que "O homem é o produto

---

Epífise", capítulo I, obra ***Missionários da Luz***; "Nossa Vida Mental", capítulo 56, obra ***Ideal Espírita***, capítulo V e XXV, "Assimilação de Correntes Mentais" e "Em Torno da Fixação Mental", obra ***Nos Domínios da Mediunidade***; "Leitura Mental", obra ***Obreiros da Vida Eterna***; estas últimas pelo espírito André Luiz, pelo médium Chico Xavier. Vide o capítulo "Mentalismo", da obra ***Falando à Terra***, pg. 174, ditado pelo espírito Miguel Couto.

do que pensa". O poder, ou a energia mental própria de todo espírito, serve para realizar seus objetivos, de conformidade com as aspirações da consciência. É um reflexo do poder do pensamento emanado da Mente Divina, manifestado através dos espíritos imortais.

O espírito do homem aciona, pelo pensamento, a energia sutilíssima da mente e atua, de imediato, através do duplo etérico, no corpo físico, onde cessa o impulso gerado no mundo oculto. Sob o processo mental, produzem-se modificações incessantes nas relações do indivíduo com o ambiente e as pessoas. Em consequência, o homem é o resultado exato do seu pensamento, porque a mente é o seu guia, em qualquer plano da vida. A mente, enfim, é a usina da inteligência, do progresso moral, físico, científico, artístico ou espiritual. É a base da felicidade ou da desventura, da saúde ou da doença, do sucesso ou da fracasso. A atitude mental pessimista do ser estigmatiza-lhe, nas faces, o temor, o desânimo ou a velhice prematura, enquanto os pensamentos otimistas dão juventude ao rosto velho, coragem ao fraco e desanuviam os aspectos desagradáveis. Através das diversas vidas físicas, o espírito educa e aprende a governar suas forças mentais, até plasmar sua forma angélica e usufruir a Ventura Eterna.

O homem pensa pela mente, sente pelo astral e age pelo físico. Sofre, por conseguinte, o bem ou mal que pensar, pois há pensamentos destruidores e há pensamentos construtivos. O pensamento, sendo imaterial, possui um poder maior do que as realidades físicas. E deve conhecer, tanto quanto possível, a ação e o mecanismo da mente, a fim de governá-la como senhor, e não, ser seu escravo.

PERGUNTA: — No entanto, parece que somente o corpo físico é algo real em nossa vida.

RAMATÍS: — O homem ainda não distingue a positiva ação mental sobre o seu corpo físico; e, por isso, o julga mais importante do que a mente. Mas, em verdade, a mente é o veículo poderoso do Espírito, pois o corpo carnal é, apenas, a vestimenta provisória, que, minuto a minuto, envelhece e se encaminha, fatalmente, para o "guarda-roupa" do cemitério.

Nada se pode fazer sem pensar, porque a mente é a fonte imutável de toda a criação. Mesmo aquilo que se faz por instinto já foi pensado antes e automatizado no "depósito" da memória; e se revela, no momento propício, na forma de ações instintivas. O pintor, o escultor ou o compositor só criam suas obras depois de produzi-las em pensamento. Mesmo quando julgam produzir algo por "inspiração" alheia à sua mente, eles recebem sugestões de outras mentes encarnadas, ou libertas no Além, resultando, às vezes, surgirem descobertas e invenções semelhantes, produzidas ao mesmo tempo, por autores diferentes.[2]

Em certos casos, os gênios, artistas, poetas ou cientistas, compõem verdadeiros arranjos "inéditos", mas, em parte, obedecem aos impulsos instintivos do subconsciente, o perispírito que lhes transmite "velhas coisas", em conexão com fragmentos de novos pensamentos, realmente, originais. Jamais, pode ser criada alguma coisa no mundo das emoções ou da matéria, sem que, antes, tenha sido criado pela mente.

PERGUNTA: — Apreciaríamos mais algumas considerações sobre o fundamento desse poder mental do homem.

RAMATÍS: — Sabemos que o Universo é fruto do Pensamento de Deus. Em consequência, tudo o que concebermos, por mais fantasioso ou miraculoso, já existe no Pensamento Divino, porque nada poderíamos pensar fora de Deus. Não existem dois Criadores do Universo. E o próprio Diabo, como entidade adversa, antítese e oposta a todas as qualidades divinas, é um mito ou produto da lenda e da ignorância humana.

Atribuindo-se a Deus nossas virtudes, Ele é infinitamente Bom, Sábio, Justo, Magnânimo, Poderoso e o Autor indiscutível do Cosmo, planejado na Sua Mente. E, sendo o homem uma centelha, fagulha ou chama emanada do Criador, indubitavelmente, também herdamos essas qualidades, embora isso aconteça de modo finito e de acordo com a nossa compreensão e capacidade espiritual. Não só a Bíblia assegura que "o homem foi feito à imagem de Deus", como, o próprio Jesus, mais tarde, confirma tal conceito, observando: "Eu e meu Pai somos um" ou ainda "Vós sois deuses".

Assim, poderemos mobilizar o fabuloso poder da mente, modelando os nossos destinos para objetivos venturosos,

[2] Vide o capítulo "Um chafariz da alta função terapêutica", da obra *A Sobrevivência do Espírito*, de Ramatís e Atanagildo, **EDITORA DO CONHECIMENTO**.

porque, em nossa intimidade espiritual, ele permanece indestrutível por ser o alento e a sabedoria do Pai. Muitos homens passaram pelo mundo produzindo fenômenos incomuns, que os classificaram de "magos" poderosos, pois, não só dominavam as leis da natureza, como processavam modificações no próprio organismo. Através do poder fabuloso da mente, eles levitavam, desmaterializavam objetos e chegavam a se transportar de um local para outro, além de exercerem toda sorte de interferência no seu organismo, conforme narra a história iniciática sobre os famosos iogues Babají, Lahiri Mahasaya e Nagendra Bhaduri.

Feitos à imagem de Deus, nós também possuímos a miniatura do poder, da glória e da sabedoria divinas. O fracasso, o infortúnio, a ignorância e o mal são frutos exclusivos de nossa incapacidade de mobilizarmos a miraculosa energia da mente. São de profunda significação oculta as palavras de Jesus, quando diz "Aquele que crê em mim, também fará as obras que eu faço, e ainda mais". Evidentemente, o Mestre aludia ao governo da mente, porque o pensamento é a base de todas as manifestações da vida, que nos possibilita crer e fazer.

PERGUNTA: — Dissestes que a mente produz a doença ou a saúde. Poderíeis mencionar algo a esse respeito?

RAMATÍS: — "A saúde é o pensamento em harmonia com a Lei de Deus", disse certo espírito.[3] Afora acidentes ou autodestruição deliberada, o homem só enferma quando há desequilíbrio no seu organismo. O corpo humano é constituído de átomos, moléculas, células e tecidos, mas, sustentado, fundamentalmente, pelas coletividades de micróbios, vírus, ultravírus e outros elementos vitais das mais variadas espécies, podendo caber milhões na cabeça de um alfinete. O homem é um aglomerado de vidas infinitesimais em incessante efervescência, pois há espécies que nascem, crescem, procriam e morrem, em alguns minutos.

Trata-se de fabulosa atividade oculta na intimidade do ser, criando, construindo, substituindo ou destruindo tecidos, sangue, ossos, linfa, sucos, fermentos ou hormônios, resultando as mais inconcebíveis transformações, na composição do

[3] Conceito do espírito de Lourenço Prado, através do médium Chico Xavier, no capítulo "O Pensamento", da obra *Instruções Psicofônicas*.

edifício carnal. E tudo acontece mesmo sem o conhecimento direto ou a interferência do seu dono.

No entanto, qual é o gênio, ou poder, que atrai e aglutina a fauna heterogênea dessas vidas inferiores, conhecidas por micróbios, vírus, ultravírus e outros, proporcionando a manutenção da forma plástica humana e suas atividades? Quem aumenta no corpo as espécies virulentas, causando a doença ou mantendo o equilíbrio da saúde? Qual é o poder miraculoso criado por Deus, que arregimentou as coletividades microbianas dispersas no seio psíquico, dispondo-as nos reinos mineral e vegetal, e plasmando-as nas espécies animais inferiores, até lograr a configuração humana?

É desnecessário dizer-vos que esse poder fabuloso, à disposição do espírito imortal no planejamento de sua consciência, é a mente. Ela construiu, na noite dos tempos, o atomismo do corpo humano e deu ao homem o poder de raciocinar. Através do tempo, a mente mobilizou e aglutinou a extraordinária mão de obra fornecida pelos infatigáveis "trabalhadores microscópicos", no cumprimento do plano traçado pelo Criador. Os germens mais díspares confraternizaram-se, para realizar um trabalho construtivo, até comporem os vasos carnais para a moradia das centelhas espirituais emanadas da Fonte Divina. Porém, sob o comando de pensamentos negativos, essas vidas inferiores rebelam-se, causando a desordem, o caos, a doença e a morte; mas, sendo mobilizadas pela vontade forte e energia mental superiores, reativam-se, renovando células, fortificando tecidos e ajustando órgãos à dinâmica fisiológica que proporciona a saúde.

Por conseguinte, se a enfermidade é, realmente, fruto do caos, da desordem e do desequilíbrio na intimidade do equipo psicofísico do homem, a saúde é o fruto do equilíbrio e do trabalho harmonioso dessas vidas microscópicas, que se condensam, preenchendo harmonicamente o invólucro perispiritual do homem para compor o corpo carnal.

PERGUNTA: — Que experimentos comprovam esse poder admirável da mente, em sua ação dinâmica na harmonia fisiológica do corpo humano?

RAMATÍS: — Os espíritos esclarecidos no estudo e treinados no comando das forças ocultas, principalmente os iogues e os faquires, comprovam o poder da mente, em si mesmos, pelas experiências e fenômenos incomuns que processam no corpo físico, sob a força implacável da concentração de pensamentos positivos e dinâmicos.

Também, podem ser observados os admiráveis recursos e o potencial da mente humana mediante as assombrosas experiências de hipnotismo, quando o *sujet*, bastante sensível, dominado pelas sugestões do hipnotizador, produz, em si mesmo, diversos fenômenos anormais e impossíveis de execução durante o estado de vigília. Sob o estado de hipnose, modificam-se as atividades fisiológicas do sensitivo e a própria sensibilidade nervosa; aceleram-se, ou reduzem-se os batimentos cardíacos, eleva-se, ou baixa, a pressão e a temperatura corporais; treme de frio ou sente calor excessivo; embora abstêmio, ingere alcoólicos fortes, sem nenhuma reação; embriaga-se com um simples copo d'água pura. Ri, chora, canta e executa mímica perfeita, tocando hipotéticos instrumentos. Ainda sob sugestão, acusa todas as funções próprias das glândulas salivares, sucos gástricos e fermentos, como se, realmente, estivesse fazendo refeições. O hipnotizado elimina dores habituais ou acusa sofrimentos inexistentes; abandona, por tempos, os vícios mais arraigados, liberta-se de paixões violentas, perde a memória, a identidade, troca os nomes dos familiares; regressa à fase de lactente, ingerindo só leite e rejeitando alimentos próprios dos adultos. Mesmo depois de acordado, ou livre da hipnose direta, ainda cumpre, instintivamente, as ordens que lhe foram determinadas durante o sono hipnótico, sob o controle de um "signo sinal". Tudo isso comprova o tremendo poder da mente.

PERGUNTA: — Por que as crianças podem adoecer desde cedo, se ainda não sabem usar, de modo favorável ou prejudicial, o seu poder mental?

RAMATÍS: — Os espíritas sabem que o homem sofre em vidas futuras os efeitos cármicos do bem ou do mal causados a si e ao próximo, nas existências pregressas.

O perispírito é o invólucro que sobrevive às diversas mortes do corpo físico; e, por isso, registra, na sua contextura plástica, todos os impactos produzidos pela mente humana, nas encarnações anteriores e durante a sua liberdade no Além-túmulo. Já esclarecemos em obra anterior,[4] que as energias mentais e tóxicas se incrustam na vestimenta perispiritual e, depois, "descem" para o corpo carnal, que se transforma no "mata-borrão" vivo, a chupar as impurezas do perispírito. Quando o organismo físico se desintegra no túmulo, não só liberta as coletividades microbianas que constituem a sua contextura física, como ainda dissolve, no solo, os tóxicos, os líquidos e as substâncias nocivas da qual é portador.

Na maioria dos casos, o espírito já se encarna em novos corpos com o estigma insuperável da enfermidade congênita (pré-reencarnatória), que é fruto de venenos aderidos ao perispírito, ou de deformações, atrofias e lacerações consequentes de abusos pretéritos ou do suicídio. Então, renasce aleijado, quando há deformação perispiritual, ou enfermo congênito, pela descarga muito violenta de toxinas "pré-perispirituais"; assim como pode adoecer por etapas cada vez mais graves, até consumar-se a morte. A bagagem funesta de outras vidas na indumentária do perispírito é sempre fruto do mau uso da força mental incorporada aos fluidos astralinos perniciosos, gerados pelo corpo astral nas emoções indisciplinadas. Essa carga deletéria, depois, requer longo tempo para a mente efetuar a sua drenagem, ou modificação futura através de novas encarnações.

Aliás, a criança doente também é um espírito adulto com o estigma enfermiço do passado, buscando a sua limpeza perispiritual, no processo doloroso de drenar a escória detestável para o corpo de carne. Ademais, os próprios familiares das crianças enfermas podem agravar-lhes a doença, se as bloquearem com pensamentos mórbidos, ideias funestas, sugestões perigosas ou emoções incontroláveis, que atravessam o lençol mental da criança e a desguarnecem na sua dofoca psíquica

Assim como a concentração de forças mentais agradáveis e esperançosas, projetadas por diversas pessoas, modifica o ambiente para uma atmosfera alegre e saudável, o oposto produz efeito destrutivo. Obediente à lei de que "os semelhantes atraem os semelhantes", a enfermidade agrava-se nos ambientes mentalmente enfraquecidos. Em nossa roma-

[4] Vide o capítulo "A saúde e a enfermidade", da obra *Fisiologia da Alma*, de Ramatís, **EDITORA DO CONHECIMENTO**.

gem terrena, conhecemos, na Índia, um adágio que dizia: "Os pensamentos são como os colibris, que se alimentam das flores; ou, como os corvos, que vivem das carniças".

Jesus erguia aleijados, limpava as chagas, ou curava os cegos, pela palavra enérgica e persuasiva. Acasalando sua força mental à mente dos enfermos, modificava-lhes a contextura celular. Ele sabia que o corpo humano é um agregado de microorganismos vivos, dependentes das condições positivas ou negativas da mente, capazes de operarem transformações miraculosas na intimidade atômica do ser humano. Jamais alguém viu Jesus ordenando que as estátuas caminhassem ou que as pedras se limpassem de suas crostas, pois as pedras não pensam, nem são agregados microbianos sensíveis aos impulsos poderosos da mente humana.

PERGUNTA: — Quais os ensinamentos de Jesus que demonstram mais particularmente o poder da mente?

RAMATÍS: — Quando o Mestre recomendava a "fé que remove montanhas" ou o "buscai e achareis", se referia, mais propriamente, ao poder do espírito sobre a substância mental, pois a fé não é poderosa através da mente insegura e desajustada. O afastamento da "montanha" de dificuldades, doenças, vicissitudes, tristezas e temores, requer uma convicção inabalável e mente serena.

Os acontecimentos produzidos pelos faquires, magos ou iogues, fundamentam-se no poder da mente; eles conseguem atuar diretamente nos invólucros "astral-etéricos" das plantas e dos animais. São Francisco de Assis prelecionava aos peixes e domesticava os lobos; Jesus aquietava as cobras, à sua passagem; e inúmeros santos da Índia cobriam-se de formigas e aranhas, sem que elas lhes fizessem mal.

PERGUNTA: — O espiritismo de Kardec também admite essa noção do poder mental em suas atividades doutrinárias?

RAMATÍS: — As tradicionais concentrações que os dirigentes espíritas recomendam nas sessões mediúnicas são para fortificar as "correntes mentais". Por isso, a Igreja Católica Romana adota cerimoniais, orações coletivas e cânticos sacros, focalizando a mente dos crentes à concentração de forças, num só objetivo benfeitor. A energia mental atua positivamente sobre a matéria astral muito plástica e se incorpora formando uma cadeia invisível, constituindo uma criação coletiva, que pode aglutinar-se de forma compacta e bastante visível pela faculdade psíquica, conhecida no Oriente por egrégora.[5]

Essa coordenação mental é tão necessária que, nos trabalhos espirituais, se sugere pensar ou meditar firmemente em Deus, Jesus, no amor ou no Bem. Os esoteristas, rosa-cruzes ou teosofistas preferem meditar em imagens simples, familiarmente conhecidas como flores, estrelas, signos e símbolos comumente conhecidos da própria comunidade, porque é mais fácil serem pensados pelas próprias crianças e pessoas comuns. A egrégora, ou imagem mental, enfraquece quando os pensadores divergem nas suas ideações contraditórias; e, por isso, vacilam na configuração do objetivo escolhido para a atração mental.

Embora reconheçamos que é bem mais elevado pensar em Jesus, em Deus, no amor ou no Bem, como é próprio dos ambientes espíritas, nem por isso os frequentadores logram mais êxito se divergem na configuração mental. O amor e o Bem não são entidades conhecidas de modo concreto ou objetivo, mas estados de espírito, que não se podem configurar na mente. Obviamente, pensando em tais sugestões, os frequentadores lembrar-se-ão de atos caritativos e amorosos, correspondendo à sugestão do amor e do Bem, mas não se livram da disparidade de imagens e lembranças pessoais, diferentes entre cada presente. Dificilmente, será criado um "centro de forças" homogêneo e semelhante para o êxito da concentração mental, quando convergem imagens e ideias diferentes.

---

[5] "Os pensamentos concentrados por um grupo de pessoas podem criar poderosos centros ou focos de energias mentais, impenetráveis às más influências, e irradiantes de forças em todos os sentidos. Tais focos são imagens astral-mentais geradas por uma coletividade consciente, cadeias invisíveis, ou uma espécie de ser coletivo que, em Ocultismo, se denomina Egrégora". (Trecho extraído da obra *Sabedoria Esotérica*, de Cinira Riedel Figueiredo, editada pela, editora O Pensamento.

Diz C. Phaneg, abalizado ocultista: "O pensamento, a vontade, o desejo, são forças tão reais, talvez mais do que a dinamite ou a eletricidade. Sob sua influência, a matéria astral, tão plástica, faz-se compacta e toma forma, como o têm provado inúmeras experiências.

Vide o capítulo III, "A Oração Coletiva", de André Luiz, na obra *Nosso Lar*, que diz: — "Pairavam no recinto misteriosas vibrações de paz e alegria e, quando as notas argentinas fizeram delicioso estacato, desenhou-se, ao longe, em plano elevado, um coração maravilhosamente azul, com estrias douradas".

Da mesma forma, Deus não é entidade morfológica e, jamais, alguém pode conhecer a sua exata Realidade Divina, ou explicá-la de modo a conseguir imagem coerente. Há criaturas que concebem Deus como um Arcanjo, o Senhor; e, até, um Ser humano divinizado, administrando o Cosmo e julgando os homens. Algumas aceitam a ideia de Energia, Sopro Vital, Foco Criador, Centro Luminoso, Luz, Fluido Eterno; outras preferem admiti-lo como o Pensamento Incriado, a Mente Divina ou o Espírito Puro. Não há dúvida de que tudo isso é um esforço, ou tentativa, em que os homens, servindo-se de suas próprias criações finitas e vocábulos insuficientes da linguagem humana, tentam definir o Absoluto. No entanto, tais concepções diferentes, jamais formam um "foco mental" atrativo de pensamento semelhante.

PERGUNTA: — Mas é evidente que pensar em Jesus, como fazem os espíritas na sua concentração, não dificulta a harmonia de pensamentos. Não é assim?

RAMATÍS: — Pensar na imagem de Jesus é bem diferente de "sentir" Jesus. No primeiro caso, é preciso fixar sua imagem na tela da nossa mente; no segundo, isso varia conforme o nosso sentimento ou grau espiritual.

Como conciliar tantas imagens diferentes que os pintores modelaram, da figura do Divino Mestre, e unificá-las numa só ideação mental, de modo a constituir um centro de forças homogêneo?

PERGUNTA: — Mas não disse Jesus: "Onde estiverem dois ou mais reunidos em meu nome, eu aí também estarei?

RAMATÍS: — Mas Jesus também advertiu: "Eu não vim destruir as leis, e sim, cumpri-las". E o mentalismo também é lei inderrogável, mesmo para o Mestre, pois disciplina a técnica da concentração mental que controla os pensamentos. A arte de pensar e dinamizar energias para um fim construtivo exige os requisitos de convicção e uniformidade de ideias ou de imagens.

Aliás, não basta só pensar em Jesus para Ele manifestar-se junto aos homens reunidos em seu nome; isso também depende das credenciais e intenções humanas. Evidentemente, seria uma traição à confiança do Mestre, alguém se reunir em seu nome com objetivos ofensivos à sua graduação angélica. Os cruzados massacravam os infiéis, os inquisidores queimavam hereges e os católicos matavam protestantes, na França de Catarina de Médicis, aos gritos de "Viva o Cristo". Na última guerra, os pilotos das aeronaves modernas jogaram bombas fratricidas sobre cidades indefesas, rogando o ajutório de Deus e de Jesus para o êxito dessa empreitada infernal.

PERGUNTA: — Qual é a influência mais positiva do espiritismo na esfera do aprimoramento mental dos homens?

RAMATÍS: — A Terra é um orbe primário de educação espiritual, palco de retificações cármicas muito onerosas e trágicas, pois ainda predominam em sua humanidade paixões selvagens, vícios desregrados, ódios ferozes, ambições desmedidas, guerras devastadoras e crimes tenebrosos. Em sua aura mental, sombria e viscosa, explodem, incessantemente, as cargas violentas de energias inferiores, concentradas pela mente humana, ainda escrava dos instintos bestiais.

Na lei de que os "semelhantes atraem os semelhantes", a carga mental nefasta produzida pelos homens transforma-se no alimento tão desejado pelos espíritos desencarnados atrasados que se debruçam, famélicos, sobre a crosta terráquea para saciar seus desejos torpes. Então, recrudesce o teor mental prejudicial à humanidade presa aos prazeres incontroláveis da cobiça e da posse material, multiplicando-se, em sua frequência inferior, pela contaminação das mentes desencarnadas. Assim, a aura terráquea mostra-se cada vez mais nociva e perigosa à vida superior. As correntes mentais supercarregadas de magnetismo explosivo atuam sobre os homens inconscientes e irresponsáveis, ativando-lhes a bagagem inferior e fluindo, na forma de emoções violentas e selvagens, através do corpo astral. Por isso, os homens tornam-se cada vez mais neuróticos e desafogam a sua tensão perigosa e apocalíptica nos alcoólicos, entorpecentes e sedativos, aliviando, provisoriamente, os efeitos mórbidos, mas, depois, recrudescem as causas enfermiças da mente descontrolada. Malgrado os esforços da medicina, debatendo-se, aflita, para erradicar esses males, os espíritos diabólicos ganham terreno através da "ponte mental" venenosa que os homens edificam no intercâmbio perigoso e detestável de "repastos vivos" das

Trevas.[6] Por isso, em épocas assim, o Senhor prescreve o "Fim dos Tempos", como medida saneadora da humanidade mentalmente enfermiça, a fim de evitar a ruinosa saturação. Daí, a necessidade de o Alto abrir as portas dos templos e das confrarias iniciáticas, difundindo os ensinamentos ocultos, através do espiritismo, como socorro urgente para neutralizar os efeitos tenebrosos, gerados pelo egoísmo, ambição, maldade e pensamentos maléficos dos homens.

Num chamamento apressado, *in-extremis*, Allan Kardec codificou o espiritismo, como a terapêutica heroica da medicina espiritual, prescrita em vésperas da grande e severa transformação espiritual da humanidade. Portanto, a doutrina espírita deve ser administrada com urgência, por "via endovenosa", sem ritos, símbolos, devoções, alegorias, ladainhas, idolatrias, paramentos ou organizações sacerdotais. A humanidade está gravemente enferma de espírito, e não há mais tempo de confiar nos diagnósticos falhos e dogmáticos da "junta médica" sacerdotal do mundo. É preciso aproveitar, incondicionalmente, o precioso tempo ainda disponível para a urgente renovação espiritual do homem.

PERGUNTA: — Estranhamos que os homens, em cujo âmago permanece, indestrutível, a chama divina oriunda de Deus, produzam essas energias inferiores resultantes dos maus pensamentos.

RAMATÍS: — Os homens não *produzem* substância mental inferior ou superior, mas a utilizam em sua virgindade cósmica para modelar os pensamentos e concretizar seus desejos bons ou maus. Quando a energia mental é consumida no uso de pensamentos sublimes, ela se eleva e se volatiza, passando a influir sobre outras mentes afins às mesmas virtudes. Mas se a utilizam para fins ignóbeis, então produzem resíduos detestáveis, que aderem ao perispírito dos seus próprios autores e infelicitam-lhes a vida. A mente, portanto, é a fonte energética do pensamento que cria a ventura ou a desventura do seu agente.

PERGUNTA: — Como entendermos o uso da substância

[6] Vide o capítulo "Como servimos de repastos vivos aos Espíritos das Trevas", da obra *A Vida Além da Sepultura*, de Ramatís e Atanagildo, **EDITORA DO CONHECIMENTO**.

mental virgem do Cosmo e sua consequente transformação em energia nociva?

RAMATÍS: — Considerando-se que a água pura e limpa seja "energia mental" virgem no Cosmo, depois de lavardes as mãos sujas, ela será "energia deletéria". Aliás, a Mente Cósmica é uma só essência em todo o Infinito, mas varia em sua manifestação, conforme o campo e o nível onde atua.

PERGUNTA: — Como se processa a atuação da Mente Cósmica, que se gradua de conformidade com os planos ou graus onde se manifesta?

RAMATÍS: — Evidentemente, o Universo é produto do pensamento ou da Mente de Deus. Mas Deus não só criou o Cosmo e toda a vida nos campos materiais, como é o sustentáculo dessa vida, distribuindo-a, equitativamente, entre toda a criação.

A Mente Cósmica, de amplitude infinita, que impregna todas as coisas e todos os seres, tanto atende aos pensamentos e à vida dos anjos, como atende aos mundos materiais e aos seres inferiores. Lembra a condição da luz, que se gradua aos nossos olhos de acordo com as circunstâncias do meio onde se manifesta e dos veículos que lhe são intermediários. Há grande diferença de qualidade e poder entre a luz de uma vela e a de um lampião de querosene, a de uma lâmpada elétrica e a de um farol de alta voltagem.

Assim, a Mente Cósmica, ao filtrar-se pelo homem, restringe o seu potencial à respectiva função e graduação humana, ou ao meio por onde atua. Indubitavelmente, há grande diferença na qualidade da substância mental que atende ao desenvolvimento instintivo do selvagem, em comparação à que impulsiona os avançados raciocínios do cientista. E, consequentemente, não pode haver igualdade entre a energia mental própria de ambientes inferiores e a sublimidade que cogita das conquistas morais e materiais referentes à evolução da humanidade.

Em verdade, cada espírito possui, em si mesmo, a poderosa energia mental de alto nível criador e também a do mais baixo campo de vida, dependendo do seu tipo, de seus objetivos e do ambiente onde atua. Porém, a Mente Cósmica jamais se modifica em sua essência, embora se manifeste através de vários caracteres humanos e reinos materiais, tal como a luz do Sol, que não se altera em sua origem, quer seja filtrada por vidros coloridos, opacos, ou translúcidos.

PERGUNTA: — Que nos dizeis a respeito da natureza física, mental e espiritual do homem?

RAMATÍS: — O homem é um ser muitíssimo complexo, e nós mesmos, espíritos desencarnados, ainda pouco sabemos da sua contextura espiritual eterna. O espírito do homem é um fragmento ou centelha virginal do Espírito Cósmico. É inconsciente em sua origem, até habitar a matéria, onde aprende a engatinhar e a modelar a sua consciência de "existir" ou "ser" alguém no seio do todo. Através dos estímulos da vida animal inferior ou instintiva, entra em relação com o meio ambiente e, gradualmente, coordena as suas reações, passando a sentir-se um indivíduo de existência à parte, porém, intimamente ligado ao Espírito de Deus.

O espírito virginal emanado de Deus não pode se ligar, de súbito, ao plano denso da matéria. Deste modo, ao emanar do Criador, tem de operar em si mesmo uma incessante e gradativa "redução vibratória" ou "descida espiritual", até conseguir ajustar-se ao padrão do mundo material.

Ainda inconsciente, deixa o seu "lar sideral" e viaja em direção ao mundo físico. No primeiro plano da descida, a mente, então, modela o seu veículo mental, incorporando a energia para pensar; em seguida, no Plano Astral, compõe o veículo astral e emotivo, que lhe dá a faculdade de sentir; depois, no Plano Vital, incorpora o veículo vital para viver no plano exterior; e, finalmente, alcança o último plano, modelando o corpo carnal para agir na matéria. Em verdade, nessa descida, o espírito desprendido da Consciência Cósmica permanece intimamente ligado a Deus, pois somente reduz o seu estado vibratório, mas não se desprende da fonte criadora.

Mesmo encarnado, o homem já é um espírito imortal, pois a morte física apenas o desliga do mundo exterior, dando-lhe maior amplitude na sua verdadeira manifestação espiritual. Através das esferas da mente, do Astral e Vital, vai atraindo e aglutinando as energias ativíssimas do mundo oculto para configurar, pouco a pouco, o modelo do corpo que deverá plasmá-lo com a substância carnal no término da última etapa de sua descida.

Após completar esse descenso vibratório e atingir a fase mais ínfima da vida na matéria, então, se inicia a composição da consciência instintiva, embora ainda seja um joguete das forças animais. A centelha virgem e ignorante emanada do Espírito Cósmico de Deus desperta e desenvolve-se modelando sua consciência individual na experiência das espécies inferiores. Mais tarde, desperta o intelecto, que lhe dá o raciocínio, capaz de fazê-lo discernir sobre o que é proveitoso ou maléfico, bom ou ruim, certo ou errado, como elementos aquisitivos na formação de sua consciência individual. Mas, assim como a lagarta possui, no seu âmago, o esquema alado da mariposa, o homem agrilhoado à carne contém em si o poder microcósmico do potencial de Deus. E, à medida que progride no crescimento de sua Consciência Espiritual, se desveste gradualmente das formas carnais, ensejando o voo definitivo para os mundos felizes.

PERGUNTA: — Essa "descida vibratória" que mencionais também é conhecida por "queda angélica". Não é assim?

RAMATÍS: — Na "descida angélica", a massa espiritual virgem emanada de Deus vai compondo as consciências individuais, através da ação das energias redutivas de cada plano inferior, enquanto, na "queda angélica", trata-se de espíritos conscientes e até de poderes psíquicos desenvolvidos, que são exilados para outros orbes inferiores, pela sua rebeldia ou indisciplina espiritual nos mundos planetários.

PERGUNTA: — Em face da variedade de concepções sobre os princípios que compõem o homem, qual seria a definição "psicofísica" mais próxima da realidade?

RAMATÍS: — Atualmente, ainda é a concepção da ioga a que mais se aproxima da realidade esquemática do homem. Fora de qualquer cogitação numerológica ou supersticiosa, a criação do Universo obedeceu ao padrão septenário, o qual se constitui num ritmo disciplinado para o apoio sensato e lógico do Espírito, na sua manifestação nas formas.[7] O homem,

[7] A filosofia oriental considera o septenário o número universal e absoluto, porque encerra, em si, os seguintes componentes: binário, representativo de corpo e espírito, luz e sombra, vida e morte, homem e mulher, virtude e pecado; ternário, emblema da trindade Pai, Filho e Espírito Santo; Espírito, Energia e

conforme a ioga, manifesta-se em sete planos, sete reinos ou sete esferas, porque também é composto de sete princípios, que o relacionam desde o mundo do Espírito puro até à forma inferior da matéria.[8]

PERGUNTA: — Quais são esses princípios conforme o molde da ioga?

RAMATÍS: — A filosofia iogue, cujos ensinamentos milenários jamais foram desmentidos, ensina que o homem constitui-se de sete princípios, assim conhecidos: Espírito, Mente Espiritual, Mente Intelectiva e Mente Instintiva, considerados os princípios superiores; e Prana ou Corpo Vital, Corpo Astral e Corpo Físico, considerados os princípios inferiores. Todavia, é necessário fazer-se pequena alteração na tradicional classificação da ioga, embora seja a mais próxima da realidade, pois o corpo astral antecede o corpo vital; este é o conhecido "duplo etérico" com os "chacras", e composto de éter-físico, na mais íntima relação com o organismo físico.[9] Em consequência, esta é a ordem mais certa dos três princípios inferiores do homem: corpo físico, o veículo inferior e visível aos sentidos físicos, espécie de janela viva aberta para o mundo exterior da matéria; corpo vital, ou duplo etérico, veículo provisório e mediador plástico, entre o mundo oculto e a matéria; e finalmente, o corpo astral, também conhecido por corpo fluídico ou "fantasma", pelo qual o espírito expressa as

---

Matéria; o quaternário, equilíbrio perfeito, simbolizado pela cruz, pontificando os quatro elementos ar, água, fogo e terra; e, finalmente, o quinário, o pentagrama ou estrela de cinco pontas, símbolo do domínio do espírito, nos quatro elementos. Ainda sobre o número sete, observa-se que está presente nas coisas mais importantes da Terra. São sete os dias da criação, os dias da semana, as cores do arco-íris, as notas musicais, os pecados e as virtudes teológicas, os sacramentos, os sábios da Grécia, as maravilhas do mundo, as esferas em torno da Terra, os degraus da escada de Jacó e as vacas proféticas do Egito. A criança é inocente até sete anos, a puberdade verifica-se aos 14 anos, e o Juízo do moço, aos 21 anos. Mesmo Jesus, mandou perdoar setenta vezes sete.

[8] "O mundo espiritual está dividido em esferas ou reinos. A essas esferas foram dados números, por alguns estudantes e vão, desde o primeiro, que é o mais baixo, até o sétimo que é o mais alto. É costume, entre nós, seguir o sistema de numeração". (Trecho extraído do capítulo "Posição Geográfica", da obra *A Vida Nos Mundos Invisíveis*, de Anthony Borgía, da editora O Pensamento. Vide o capítulo "Os Engenheiros Siderais e o Plano da Criação", da obra *Mensagens do Astral*, de Ramatís, **EDITORA DO CONHECIMENTO**).

[9] Vide os capítulos "Algumas noções sobre o Prana", "O duplo etérico e suas funções" e "Os chacras", da obra *Elucidações do Além*, de Ramatís, **EDITORA DO CONHECIMENTO**.

suas emoções e sentimentos.

Em seguida, predominam os quatros princípios mentais superiores, ou seja, a mente instintiva, a mente intelectiva, a mente espiritual e o Espírito, que as escolas ocidentais definem, respectivamente, por instinto ou subconsciente, intelecto ou consciente e superconsciente.

Mas há certa confusão entre os estudiosos do Ocidente, pois, tudo o que sobeja da mente objetiva ou consciente, eles despejam na mente subjetiva ou subconsciente, ali misturando os resíduos e automatismos inferiores com as sublimes qualidades do espírito, nivelando tudo na mesma categoria. Assim, agrupam no subconsciente o que é grandioso e o que é inferior, os produtos do gênio e os do débil.

No porão do subconsciente ou inconsciente, ou arquivo dos automatismos das experiências da construção animal, também se misturam as inspirações da fonte excelsa da mente espiritual, autora de tudo o que é nobre e edificante, além da vivência humana. Mas os iogues distinguem, perfeitamente, as qualidades e funções de cada um destes princípios, embora, aproximando-se da terminologia ocidental, assim conhecidos: a Mente Instintiva, que abrange as partes inferiores da Mente Subjetiva ou Subconsciente, a Mente Intelectiva, conhecida por Consciente ou Mente Objetiva, que é a responsável pelo raciocínio; e, finalmente, a Mente Espiritual, fonte dos mais sublimes desejos, pensamentos e nobres inspirações, que, atualmente se manifesta em pequeno número de criaturas, e conhecida no Ocidente como o Superconsciente. É a senda da Intuição Pura, pois, o conhecimento do Reino Divino não se obtém pela frialdade do intelecto calculista, baseado nas relações com as formas limitadas do mundo ilusório da matéria. A Mente Espiritual enseja o crescimento da Consciência Espiritual do homem; e, pouco a pouco, desperta-lhe a sensação do Supremo Poder e da Glória de Deus, tornando-o convicto de sua comunhão espiritual com a Família Universal.

PERGUNTA: — O que é, enfim, a Mente Instintiva?

RAMATÍS: — A Mente Instintiva é realmente a sede ou o lugar onde na intimidade do homem, permanecem em estado latente as paixões, emoções, sensações, os apetites, instintos, sentimentos, impulsos e desejos da natureza grosseira e violenta, porque são provindos da época de sua formação animal. Cabe ao homem disciplinar e dominar essas forças vivas que herdou da "fase animal" e lhe fazem pressão interior. Deve examinar-lhes as ações intempestivas, os impulsos sub-reptícios e submetê-los ao raciocínio superior, antes de agir. Sem dúvida, já foram energias louváveis na construção de sua animalidade, mas, podem se transformar em forças prejudiciais, quando sobrepujam o domínio intelectual ou a razão.

Aliás, a própria guerra entre os homens ainda é um produto do domínio da Mente Instintiva, nas coletividades, exacerbando-lhes as paixões, os desejos e impulsos, que já foram bons, na época da formação animal, mas, são "ruins", quando mobilizados depois que o homem raciocina. É certo que a fome, a sede ou o desejo sexual animal são anseios justos e imprescindíveis, que a Mente Instintiva transmite aos homens para prosseguir ativos no plano físico. No entanto, apesar dessa justificativa, angeliza-se mais cedo o homem frugal, abstêmio e de continência sexual, porque tais práticas, além do limite fixado pelas necessidades humanas, terminam por escravizar o homem aos grilhões da vida inferior animal. As botas grosseiras são boas e adequadas para serem usadas nos terrenos pantanosos e sujos; mas, é um erro injustificável, se os homens teimam em usá-las no assoalho limpo e lustroso dos palácios que habitam.

No entanto, as coisas do mundo instintivo não devem ser condenadas, porque todas são úteis e boas no seu devido tempo e lugar, significando degraus benfeitores na escalonada do espírito, através das formas dos mundos. O mal provém de o homem usar, exageradamente, ou fora de tempo, as coisas já superadas da fase animal. Assim, a brutalidade, a malícia, a violência, a desforra, a astúcia ou a voracidade, embora sejam qualidades louváveis e necessárias à sobrevivência, ao crescimento e à proteção dos animais sob a direção da Mente Instintiva, hão de ser um grande mal, quando a serviço do homem, que já possui o discernimento superior do raciocínio. Isso é um bem necessário e justificável praticado entre os animais; mas, é um mal, quando usado extemporaneamente pelos homens. Daí, a curiosa identificação de alguns pecados com certos tipos de animais, pois, a traição é instinto do tigre, a perfídia é da cobra, o orgulho é do pavão, a glutonice é do porco, a crueldade é da hiena, o egoísmo é do chacal, a libidinosidade é do macaco, a fúria é do touro, a brutalidade é do elefante e a astúcia é da raposa.

Considerando-se que a Mente Instintiva atua mais fortemente nas criaturas primárias, incipientes e de pouco intelecto, podemos comprovar-lhe a ação mais vigorosa e dominante nos agrupamentos aldeônicos, selváticos ou nas multidões entusiastas ou enfurecidas, em cujo ulular descontrolado se percebe a atuação de um só "espírito grupal" ou instinto, em manifestação através de muitos corpos.[10]

PERGUNTA: — Como se formou a Mente Instintiva?

RAMATÍS: — A Mente Instintiva é considerada pelo ensino da Ioga a manifestação Cósmica mais elementar operando nos mundos planetários, pois, a sua primeira atuação é no reino mineral, onde dá forma aos cristais. Do reino mineral, a sua atividade amplia-se para o reino vegetal, motivo por que as plantas já demonstram uma instintiva inteligência, como nos fenômenos de "tropismo",[11] no processo de fecundação, germinação e crescimento. Aliás, essa inteligência instintiva é perfeitamente visível nas espécies vegetais carnívoras, que usam de processos e recursos hábeis, armando ciladas mortais para os insetos que pretendem devorar.

Depois, em sentido cada vez mais ascendente, ela elabora e coordena o reino animal, onde a sua interferência valiosa prepara os rudimentos do equipo carnal para servir ao homem futuro. Em sua sabedoria instintiva ela orienta e controla todos os atos humanos, que podem ser executados sem a atenção do consciente, pois toda experiência ou conhe-

[10] Corroborando Ramatís, verificamos a existência desse espírito global instintivo, dominando as coletividades, quando as multidões se deliciavam na matança dos huguenotes pelos católicos, na França; na queima dos hereges, nas fogueiras da Inquisição; no massacre praticado pelos cruzados; no trucidamento dos cristãos nos circos de Roma; ante a guilhotina sangrenta da Revolução Francesa; no linchamento de negros, em nosso século; ou, ainda, na cólera e agressividade das massas, nos campos de futebol, identificando, realmente, o domínio da Mente Instintiva, sob a coação animal.

[11] Tropismo - Desenvolvimento de um órgão, ou organismo, em certa direção, influência ou estímulo nas plantas, atraindo-as para determinada orientação, como heliotropismo, atração pelo sol, geotropismo, pela gravidade, principalmente no caule e nas raízes; fototropismo, excitação pela luz, ou hidrotropismo, pela umidade ou água.

cimento acumulado é o resultado do desenvolvimento desde o reino mineral, vegetal e animal, e transforma-se no alicerce para o homem firmar-se na conquista dos planos superiores. Quando a Mente Instintiva termina o seu trabalho, principia a ação do Intelecto ou da Mente Intelectiva, surgindo a razão humana ou o discernimento superior, a diferenciar o homem do animal irracional. Então, ele adquire certa individualidade e se separa da espécie global, mas ainda anda às apalpadelas, tentando reconhecer o seu destino; pois se surpreende com as diferenças verificadas nas suas relações exteriores.

Em consequência, a Mente Instintiva também é utilíssima na fase inicial da Mente Intelectiva, porque é a base segura do crescimento incessante da consciência do ser. Mas, é um campo de forças criadoras de natureza inferior e torna-se bastante perturbador, quando interfere facilmente na escala superior intelectiva. É uma fase intermediária perigosa, em que o homem desperta o raciocínio, podendo distinguir as realizações nobres e superiores, mas, ainda pratica atos próprios da bagagem hereditária da Mente Instintiva, a qual lhe desenvolveu a linhagem animal para a confecção do corpo carnal. Ele, então, oscila no comando intelectivo, entre o "demônio" dos impulsos atávicos da animalidade e o convite do "anjo", pela voz silenciosa da Mente Espiritual.[12]

PERGUNTA: — E como se processa a atuação ou orientação da Mente Instintiva na estruturação das espécies inferiores?

RAMATÍS: — À medida que os animais progridem na sua escala evolutiva, precisam saber, ou fazer, certas coisas indispensáveis à sua sobrevivência no cenário do mundo físico. A Mente Instintiva, ou inteligência subconsciente, então, age no animal e orienta-lhe a experiência nos planos inferiores, fazendo-o realizar inúmeras coisas que lhe garantem a proteção, a vivência e o progresso ordeiro, sem a necessidade de

[12] Diz o brocardo hindu: "Difícil é andar sobre o aguçado fio de uma navalha"; e "árduo, dizem os sábios, é o caminho da Salvação". Para o leitor estudioso, recomendamos a obra *O Fio da Navalha*, de W. Somerset Maugham, romance que expõe de modo compreensível inúmeros ensinos e admiráveis atitudes do discípulo oriental. É o simbolismo significativo do homem caminhando sobre o perigoso fio de navalha do intelecto, entre os impulsos traiçoeiros da mente instintiva e as aspirações nobres da mente espiritual.

mobilizar qualquer raciocínio.

Desse modo, tanto o animal selvagem como o pássaro, apesar de nascerem em ambientes tão impróprios e hostis, sobrevivem e se armam de poderes instintivos, que os adestram na luta e na defesa, e lhes desenvolvem a prudência e a astúcia. É a Mente Instintiva que também propicia aos animais, insetos e aves o admirável recurso de "mimetismo",[13] verdadeira camuflagem para os proteger, disfarçando-os na própria semelhança com o meio ou terreno onde atuam. Essa sabedoria instintiva também ensina as aves a construírem seus ninhos, a emigrarem em vésperas de tempestades ou a fugirem, a tempo, do inverno rigoroso; também instrui o tatu a construir sua toca; e o joão-de-barro a edificar sua casa, protegida das tormentas; orienta o elefante a buscar vegetação medicinal para se vacinar contra as epidemias dos trópicos; o cão, a nutrir-se com ervas curativas de indigestão e reencontrar seu lar, depois de abandonados a quilômetros de distância.

Ainda guia as abelhas, na confecção matemática dos favos de mel; auxilia as aranhas a tecer as teias admiráveis, as formigas a se organizarem de modo ordeiro e a abandonarem os formigueiros, à margem dos rios, em vésperas de inundações.

Depois que a Mente Instintiva ensina as espécies animais a fazerem as coisas necessárias para a sua sobrevivência e progresso, transforma essas experiências vividas em ações autômatas, e as arquiva, como "tarefas-modelos" para, mais tarde, servirem ao homem sem necessidade de consultar o intelecto ou gastar as energias do raciocínio. Por isso, o homem não precisa pensar para andar, respirar, digerir ou crescer, nem para outras múltiplas atividades do organismo, como produção e reparação de células, de lesões orgânicas, defesas contra vírus, obliteração de vasos sanguíneos ou formação de cicatrizes protetoras.

[13] No fenômeno de mimetismo entre as aves e os animais, a natureza produz determinadas espécies de modo engenhoso. Assim, o leão do Sahara tem a cor da areia do deserto, o urso branco confunde-se com o gelo, o tigre é listado como as florestas de bambus onde se esconde; entre as aves, os papagaios têm a cor das folhas das bananeiras, inúmeros pássaros confundem-se com as cascas de árvores. As cobras tomam a tonalidade do capim verde ou seco. Imaginemos que excelente alvo para os caçadores seria o urso polar com a pele toda negra, a destacar-se ostensivamente sobre o gelo.

Graças à inteligência milenária da Mente Instintiva, o recém-nascido ingere leite branquíssimo por alguns meses e, no entanto, crescem-lhe cabelos louros, castanhos ou pretos, os olhos ficam negros, pardos ou azuis, o sangue vermelho, a bílis esverdeada, a pele rosada, os dentes brancos e o fígado num tom vinhoso.

Isso tudo acontece tão naturalmente porque, à medida que o homem supera a memória consciente, transfere os seus conhecimentos adquiridos para a Mente Instintiva, a qual, então, os arquiva para que sejam usados no momento oportuno.

PERGUNTA: — Poderíeis dar-nos alguns exemplos?

RAMATÍS: — Os pintores, músicos, escultores, datilógrafos ou motoristas aprendem a desempenhar sua função mediante o intelecto, mas é evidente que se fatigariam imensamente, caso tivessem de "pensar" ou "rememorar" tais coisas, todas as vezes que delas necessitassem. A Mente Instintiva se encarrega de arquivar as experiências do homem no processo de pintar, tocar, dirigir, escrever à máquina ou aprender qualquer outra coisa, e esse arquivo pode ser usado quando tais aquisições devem ser evocadas e usadas.

Sem dúvida, seria exaustivo e inconsequente se o homem tivesse de refazer todo o caminho já percorrido no estudo da música, da pintura, da escultura ou da alfabetização, cada vez que precisasse desempenhar essas funções. Assim, ele só precisa pensar quando deve aprender coisas novas, pois, há muita diferença entre aprender a fazer alguma coisa e fazê-la, depois de aprendida. A Mente Instintiva, portanto, encarrega-se de recordar ao homem o seu aprendizado anterior pela persistência e sacrifício, livrando-o de perder o seu precioso tempo em repetir e consultar o Intelecto, a cada momento. Os orientais consideram a Mente Instintiva uma espécie de depósito repleto de coisas recebidas de várias procedências; ali, existem fatos de origem hereditária e da ancestralidade animal; há também, arquivos de trabalho intelectual, experiências emotivas alegres e tristes e até sugestões alheias gravadas para o uso apropriado no futuro.

Mas, quando a Mente Espiritual principia a influir no homem, ele não demora a reconhecer em si que ainda é joguete dos impulsos animais, pois, logo se arrepende de suas precipitações ou decisões egoístas, coléricas ou hostis. Isso já é meio caminho andado para o seu crescimento espiritual, pois os instintos inferiores são como feras que moram em nossa própria intimidade espiritual. O que ainda é legítimo para o animal, há de ser ilícito e ilegítimo para o homem.

Jesus foi muito hábil, aconselhando o "orai e vigiai" ao homem, conceito que, traduzido, em sua essência, bem poderia dizer: "Clareai a vossa consciência e vigiai os instintos inferiores da vossa herança animal". Não deveis desprezar as coisas da mente instintiva, porque ela vos serviu e vos serve, continuamente, para o vosso bem. Mas, assim como o homem consegue dominar o leão, o elefante, o lobo ou o cavalo selvagem e, depois, os aproveita em benefício da existência humana, também precisa transformar as forças violentas e agressivas da bagagem desenvolvida pela mente instintiva em energias dóceis e benfeitoras, à disposição do raciocínio superior.

O instinto de violência, por exemplo, pode ser graduado na forma de uma energia que, depois, alimenta uma arte ou um ideal digno; o orgulho disciplinado estimula o heroísmo, a vaidade controlada desenvolve o bom gosto pela limpeza e o capricho pessoal; a avareza esclarecida pode nortear o princípio de segurança econômica para o futuro e a astúcia, a serviço do intelecto, pode transformar-se em elevado instinto de precaução.

PERGUNTA: — Que nos dizeis sobre a Mente Intelectiva ou Intelecto?

RAMATÍS: — O Intelecto é o princípio mental que distingue o homem do bruto; o seu aparecimento marca um grande avanço na senda da realização do espírito lançado na corrente da matéria. Antes, o ser é apenas emoção, desejos ou paixões, mas, depois do advento do Intelecto, goza da vontade raciocinadora e sente, em si, a manifestação da condição humana. É o despertar ou o amanhecer da consciência do "eu", porque o homem, então, já pode comparar-se aos outros seres e coisas; classifica, analisa, junta e separa os acontecimentos nos quais intervém ou os fatos que presencia. Principia a julgar os acontecimentos em torno de si, a ter consciência do "eu", embora, não possa definir tal condição.

O homem já é um ser bom e evoluído, porém, o advento do Intelecto o ajuda a exercer o comando e o controle, cada vez mais enérgico, sobre os próprios instintos animais. Dominando as forças instintivas da velha animalidade, pode dispor de energias submissas para realizar a sua própria ascensão espiritual. Mas, se enfraquecer na posse da razão pode tornar-se pior do que as bestas, pois raros animais abusam de suas forças e desejos, como é feito habitualmente entre os homens, conforme se verifica comumente, no caso do prazer sexual.

Ademais, se o Intelecto ajuda a raciocinar, e tanto pode exercer o seu poder sobre a Mente Instintiva como preparar o caminho para a melhor influência da Mente Espiritual, como só abrange certo limite, também pode criar a ilusão perigosa do "ego" separado do Todo, que é Deus. O intelecto humano é de raciocínio frio, como um jogador que só vê resultados compensadores e imediatos, num jogo de cartas. Quando o homem se abandona ao jugo do intelecto puro, de sua Inteligência imediatista e operante nos limites da forma, a própria razão sem o calor da intuição cria a ilusão de separação.

Por isso, o Intelecto funciona exatamente entre a Mente Instintiva, que tenta atrair o ser para o nível inferior dos brutos, e a Mente Espiritual, que prodigaliza as noções sublimes da vida superior dos espíritos puros.

PERGUNTA: — Poderíeis dar-nos algumas noções sobre a Mente Espiritual?

RAMATÍS: — A Mente Espiritual é o porvir, assim como a Mente Instintiva é o passado; e o Intelecto, o que está para se processar no presente. A Mente Espiritual é produtora de sentimentos excelsos e derrama-se pela consciência do homem, como a luz invade os cantos frios de uma gruta escura.

As aspirações, as meditações puras e sublimes, proporcionam ao homem a posse, cada vez mais ampla e permanente, do conteúdo angélico da Mente Espiritual; e o ego humano capta, no seu mundo assombroso, os conhecimentos mais incomuns, através da intuição pura. Sem dúvida, tal fenômeno não pode ser explicado pelo Intelecto, que só fornece impressões, símbolos, cunhos, fatos, credos e propósitos tão provisórios como a figura do homem carnal. Por isso, o sentimento de fraternidade, a mansuetude, a bondade, a renúncia, o amor e a humildade não são elaborados pelo frio raciocínio, mas, trazem um sentido cálido de vida superior, que se manifesta acima da torpeza e da belicosidade do mundo material.

A Mente Espiritual, cuja ação se exerce através do "chacra coronário",[14] ainda é patrimônio de poucos homens, os quais se sentem impelidos por desejos, aspirações e sonhos cada vez mais elevados, crescendo, sob tal influência sublime, para a maior intimidade e amor com o plano Divino. Ela nutre a confiança nos motivos elevados da existência e alimenta a Fé inabalável no âmago do ser, enfraquecendo a força atrativa do domínio animal e acelerando as forças íntimas do espírito imortal.

PERGUNTA: — Porventura, não existe alguma confusão entre a ação do Intelecto e a da Mente Espiritual?

RAMATÍS: — O Intelecto é seco e frio nos seus raciocínios, pois, não vibra mesmo quando fortemente influenciado pela Mente Espiritual. No entanto, pela constante e progressiva atuação da Mente Espiritual desenvolve-se no homem a Consciência Espiritual que, pouco a pouco, vai despertando a sensação misteriosa da realidade da existência do Supremo Poder Divino. Reconhece-se tal evento quando, no homem, começa a se desenvolver a compaixão, o despertar gradativo do seu senso de justiça superior e um contínuo sentimento de fraternidade.

Só a Mente Espiritual proporciona os empreendimentos superiores e sua ação sobrepuja o Intelecto, pois, aviva o Amor entre os homens e os impele a semear a ventura alheia, como condição de sua própria felicidade.

Assim, a luta entre a Consciência Espiritual do homem, identificando-lhe a natureza superior, e a Mente Instintiva, que tenta escravizá-lo ao seu domínio inferior, é algo de épico e angustioso. Desse combate exaustivo, incessante e desesperador, então, surgiu a lenda de que o homem é aconselhado à esquerda pelo demônio e, à direita, inspirado pelo anjo. Na realidade, essa imagem simbólica representa a Mente Instintiva com o seu cortejo da experiência animal inferior, tentando o homem a repetir os atos do jugo animal; do outro lado,

[14] Chacra coronário, centro responsável pela sede da consciência do espírito.

a Mente Espiritual, na sua manifestação e convite sublime, é bem o emblema do anjo inspirando para a vida superior.

PERGUNTA: — E que dizeis sobre o espírito do homem, indubitavelmente, ser mais importante que a Mente Instintiva e a Mente Espiritual?

RAMATÍS: — Sobre a contextura essencial do espírito do homem e, naturalmente, em fusão consciente com o próprio Espírito de Deus, ainda pouco sabemos em nosso atual estado evolutivo. Ademais, não encontramos vocábulos e meios de comparação para explicar ao Intelecto humano, na sua tradicional limitação, qual seja a concepção exata do Infinito.

Na verdade, o espírito só pode ser sentido e não descrito; é um apercebimento interno, íntimo e pessoal de cada ser, impossível de ser explicado a contento para aquele que ainda não usufrui da mesma experiência. Ninguém pode explicá-lo pelo simbolismo das palavras transitórias do mundo material; o Intelecto jamais poderá percebê-lo, porque o espírito existe antes do homem e muito antes do Intelecto.

A fim de auxiliar o estudo da mente, a filosofia iogue considera o espírito do homem o sétimo princípio, a "Chispa Divina", um raio de Sol ou gota do Oceano Cósmico. Mas, ainda terá de vencer muitos degraus, em sua escada evolutiva, desde a sua fase animal até o estado de arcanjo, para que o espírito humano se faça sentir, em sua glória e poder. Os que já sentem essa realidade habitam planos inacessíveis ao nosso entendimento e não poderiam explicar-nos, pela insuficiência da linguagem humana.

No entanto, há momentos em nossa vida, quando imergimos na profundidade religiosa, alimentados por pensamentos sublimes; quando nos enternecemos ante maravilhoso poema, ou nos empolga a misteriosa beleza da alvorada. Então, sentimos o vislumbre da nossa origem Divina. É, na realidade, o apercebimento fugaz, num ápice de segundo, o início da Iluminação, o prenúncio da Consciência Espiritual.

PERGUNTA: — Como se processa esse acontecimento?

RAMATÍS — Independente de crença religiosa do homem e de suas realizações intelectivas no mundo, à medida que a Mente Espiritual estende o seu domínio no ser, libertando-o, gradualmente, dos grilhões da animalidade inferior, também se amplia a sua área de conexão com o Espírito de Deus. Diríamos que aumenta a tensão Divina e interna, na criatura; esse impulso de transbordamento das formas e do intelecto humano parece só aguardar um instante apropriado para exercer a sua predominância sublime. É a luz do Senhor, pronta a iluminar a criatura, ante o primeiro descuido da consciência em vigília, ou personalidade, formada na romagem obscura da linhagem animal. Através do elo do Espírito, Deus, então, se revela ao homem e dá-lhe alguns vislumbres de Sua existência Real.[15]

Sem dúvida, é um acontecimento que varia materialmente, conforme o temperamento, a sabedoria e o sentimento individual, mas, depois de sucedido, deixa uma sensação de segurança, de imaterialidade e de confiança em toda a experiência vivencial. É o espírito principiando a fazer valer os seus direitos divinos, através dos rasgões da personalidade humana, a caminho da desagregação no mundo de formas.

É um estado estranho e incomum, em que o ser se sente fora do seu estado normal, transportado para um plano de consciência mais elevado, tendo se enriquecido de mais bens e conhecimentos; não o podendo explicar claramente na consciência física, depois de passado o maravilhoso momento de desprendimento das formas. É um ingresso súbito, um vislumbre ou prenúncio do espírito imortal, fugaz demonstração da Realidade Eterna. É o *samadhi*, tradicionalmente presente na vida dos grandes iluminados do Oriente, ou o "êxtase", do conhecimento ocidental.[16]

Como a própria natureza espiritual do ser não dá saltos, esses vislumbres, êxtases ou iluminações súbitas podem aumentar em sua frequência, na mesma existência, à medida que logram maior domínio sobre a consciência em vigília. É o treino

[15] Aconselhamos o leitor a ler o último tópico da obra *Deus na Natureza*, de Camille Flammarion, após o capítulo "Deus", que o autor assim inicia: "Uma tarde de verão, deixara eu as flóreas vertentes de Sainte-Adresse ..." Trata-se da descrição de uma das mais empolgantes e convincentes experiências do êxtase, do amanhecer da Consciência Espiritual, no estilo ocidental.

[16] "Samadhi" ou Êxtase - "Espécie de arrebatamento espiritual que pode ser provocado de diversos modos. Êxtase é uma espécie de suspensão dos sentidos, pela absorção da mente na contemplação divina. Nesse estado, o indivíduo não sente qualquer ação a que seu corpo possa ser submetido. Enlevo, deslumbramento inexplicável pelo mecanismo do intelecto".

sublime do Espírito Eterno, iniciando o desvestimento dos trajes transitórios da personalidade humana, em atividade nas superfícies planetárias, até manifestar-se em toda a sua refulgência e beleza sideral. Então, chegará o tempo no qual esses vislumbres e êxtases de Iluminação serão tão frequentes, que se transformarão na plenitude da Consciência Espiritual para toda a Eternidade. É o fim das reencarnações de dores e sofrimentos.[17]

[17] Sugerimos a leitura do capítulo "Uma experiência em consciência cósmica" da obra *Autobiografia de um Iogue Contemporâneo*, de Yogananda, Editora Bestseller, 1972. NE.

Enfeitiçamento mental

PERGUNTA: — Qual é a diferença entre o feitiço verbal e o feitiço mental?

RAMATÍS: — Sem dúvida, quer seja feitiço verbal ou mental, o pensamento é sempre o elemento fundamental dessa prática maléfica, pois não existem palavras sem pensamentos e sem ideias. Quando o homem fala, ele mobiliza energia mental sobre o sistema nervoso, para então acionar o aparelho de fonação e expressar em palavras as ideias germinadas na mente. E o feitiço mental ainda pode ser mais daninho do que através da palavra, pois é elaborado demorada e friamente sob o calculismo da consciência desperta, em vez de produto emotivo do instinto incontrolável. O enfeitiçamento verbal produzido pela maldição ou pela praga pode gerar-se num arrebatamento de cólera, contrariedade ou desforra de natureza mais emotiva ou explosiva, produzindo mais fumaça do que ruínas! Faltando-lhe a premeditação, que confirma o impacto ofensivo, também pode ser menos prejudicial.

PERGUNTA: — Quais são os motivos que tornam o feitiço mental mais ofensivo do que o enfeitiçamento verbal?

RAMATÍS: — O feitiço mental, quase sempre, é fruto do ciúme, do amor-próprio, da frustração, vingança e humilhação, pois germina e cresce no silêncio enfermiço da alma e sob a consciência desperta do seu autor. O feitiço mental pode ser mais grave do que o feitiço verbal, porque fecunda-se na covardia silenciosa e ignorada do mundo profano. Quem amaldiçoa ou roga pragas, assume em público a responsabilidade de sua desforra intempestiva. Mas o que enfeitiça pela mente, resguarda-se no anonimato hipócrita e ainda continua a gozar de bom conceito público.

PERGUNTA: — Qual é o processo ou mecanismo que faz o pensamento ferir à distância, movido por um veemente desejo de vingança?

RAMATÍS: — A mente humana, quando tomada de raiva, ódio, cólera, inveja ou ciúme, produz energias agressivas que perpassam pelo cérebro perispiritual e fazem baixar-lhe o padrão vibratório, alterando também as demais energias astralinas e etéricas que ali se encontram em circulação. Então, produz-se um fenômeno que podia ser definido por "coagulação" etéreo-astral, lembrando o caso da onda de frio que, ao atuar no seio da atmosfera do vapor de água, solidifica-o na forma de gotículas. Lembra, também, a corrente elétrica perpassando por uma solução salina, quando produz a precipitação verificada em laboratórios de química e física.

As ondas mentais também ficam alteradas e intoxicam a própria atmosfera mental em torno do cérebro humano, produzindo substâncias que, baixando vibratoriamente, tornam-se nocivas e devem ser eliminadas do campo psíquico e áurico do homem. Mas elas, em vez disso, penetram na circulação humana afetando o sistema endocrínico, linfático, nervoso e sanguíneo, produzindo doenças de origem ignorada. Por isso, as criaturas violentas, coléricas, irritáveis, pessimistas, ciumentas, invejosas e que se injuriam facilmente, quase sempre são vítimas de alergias inespecíficas, urticárias, nefrites e eczemas neuro-hepáticos, surtos de disenteria ou hemorróidas, consequentes do desequilíbrio mental e descontrole psíquico.[18] Os hipocondríacos, por exemplo, são criaturas que vivem presas a infeliz círculo vicioso; elas alteram-se perturbando o psiquismo; e quando este se desarmoniza, então adoece o fígado!

---

[18] Os tipos de eczemas são mais curáveis pela homeopatia e até por benzimentos, por causa de sua origem mais psíquica, geralmente afetando pessoas facilmente encolerizáveis. Entre os produtos homeopáticos para o tratamento de eczemas figuram ***Grafites***, ***Rhus Tox***, ***Anacardium***, ***Petroleum*** e outros. No entanto, um dos mais terríveis eczemas pegajosos provindo de um insulto injurioso, em pessoa extremamente encolerizável, pudemos curá-lo com a homeopatia de ***Staphisagria***, acrescida de ***Chelidonium Maj***, como drenador.

Da mesma forma, as ondas mentais, astralinas e etéricas viajam pelo mundo oculto até à pessoa objetivada, no seu impacto enfeitiçante e penetram-lhe na fisiologia do corpo provocando enfermidades.

PERGUNTA: — Qual é a definição mais clara do pensamento?

RAMATÍS: — O pensamento é uma vibração da mente; ainda é matéria, embora sutilíssima, que provoca a ruína de outrem, quando lançado sob o impacto tóxico da mente vingativa. É um fenômeno análogo ao da luz, pois se propaga em ondas, as quais vão-se enfraquecendo à medida que aumenta a distância que percorrem. Mas o pensamento é muitíssimo superior ao fenômeno da luz, porque ele é uma vibração de matéria mais quintessenciada e a sua produção exige múltiplos fenômenos fisiológicos do corpo humano.

Aliás, a concentração cerebral, exigida pela função de pensar, faz afluir para o cérebro maior volume de sangue. Os médicos provam isso, atualmente, com uma pessoa deitada numa balança, pois esta inclina-se para baixo, assim que se processa a atividade da pessoa pensar. É evidente que os pensamentos vão muito além das palavras, principalmente quando são vitalizados por uma pessoa de vontade forte e experimentada, que então pode guiá-los tão seguramente quanto o operador à distância maneja o seu controle remoto.

O homem, ao pensar, imprime impulsos vibratórios no seu corpo mental, resultando, simultaneamente, a produção de "ondas" e de "formas-pensamentos". Conforme a lei de repercussão vibratória, a vibração do corpo mental se propaga pela matéria que a rodeia, assim como a vibração da campainha se dissemina pelo ar atmosférico ou ambiente onde é acionada. A atmosfera e o éter, que interpenetram todas as coisas do macro e do microcosmo, estão impregnados de substância mental proveniente da própria Mente Cósmica e respondem prontamente a quaisquer impulsos vibratórios da mente humana. Esses impulsos mentais vibratórios produzem uma espécie de ondulação, à semelhança das ondas produzidas pelas pedras lançadas sobre a superfície da água e que se propagam em todas as direções e muitas dimensões, assim como acontece com a irradiação da luz do Sol ou de uma lâmpada. As ondas mentais, que se formam e expandem-se em todas as direções, são multicores e opalescentes, mas se debilitam à medida que se difundem a maior distância, lembrando o fenômeno que acontece comumente com as bolhas ou bolas de sabão, que vão se diluindo conforme o seu tempo de vida.

PERGUNTA: — Qual é a diferença na contextura dos bons e maus pensamentos?

RAMATÍS: — Os pensamentos sublimes e altruístas são de vibração muito rápida e sutil, alimentados por um combustível diáfano, que não deixa resíduos no perispírito. Quando atraídos por outras mentes afins, eles também ativam os sentimentos e as emoções superiores. Mas tratando-se de pensamentos mais raros, só influem em seres de boa estirpe sideral. As ideias, sugestões e criações mentais sobre o amor, a paz e o bem, em verdade, são energias extraordinárias e de qualidade incomum, que adubam o crescimento sadio do espírito humano. Há pensamentos científicos, religiosos e teosóficos, que influem preferencialmente em certo setor da atividade humana.

Os pensamentos malévolos, vingativos, coléricos e odiosos imantam-se de magnetismo inferior e sobrecarregam-se de fluido mental, astralino e etéreo, de baixa vibração, agindo tão eficaz e rapidamente na atmosfera terrena, que justificam realmente o velho refrão: "O mal propaga-se mais fácil que o bem"! Enquanto a energia diáfana utilizada pelos bons pensamentos volatiliza-se do perispírito absorvida pelo éter superior, a substância mental e astralina necessária para sustentar e mover os pensamentos daninhos e pecaminosos adere fortemente à vestimenta perispiritual, formando escórias que, mais tarde, produzem sofrimento ao serem drenadas para a carne, ou desintegradas nos charcos terapêuticos do astral inferior.

O homem é o que pensa; o seu espírito, quando escravo das manifestações desregradas, faz da mente apenas o instrumento de sua relação egoísta com o mundo inferior; e depois da morte submerge-se num mar de magnetismo viscoso e aderente. Mas eleva-se aos níveis angélicos sob a lei de que "os humildes serão exaltados", quem usa o poder mental para aniquilar as paixões do mundo animal, em vez de hostilizar o próximo!

PERGUNTA: — Poderíeis dar-nos um exemplo da diferença entre o pensamento elevado e o malévolo, em que um deixa resíduos e outro volatiliza-se no perispírito?

RAMATÍS: — Malgrado a exemplificação rudimentar, poderíeis supor dois fogões; um alimentado a lenha e outro a eletricidade; o primeiro deixa resíduos, como cinza e carvão, e o segundo permanece límpido, porque só usa a eletricidade que se volatiliza.

PERGUNTA: — Que mais podeis dizer sobre as ondas mentais?

RAMATÍS: — As ondas mentais, já o dissemos, lembram as ondas geradas pela pedra jogada sobre a superfície da água. Mas não são muito precisas na sua ação porque logo se desfazem onde incidem, sem produzir uma ideia completa na sua trajetória ou objetivo final. Enquanto a onda mental apenas desperta sensações semelhantes onde recai, já a forma-pensamento transmite a ideia mais completa, porque, além de fortemente sobrecarregada da substância mental de quem a emite, agrega-se facilmente ao campo do pensamento de outra pessoa e ali perdura a sua ação contagiante. O corpo mental do homem ao ser tocado por uma forma-pensamento diferente, tende a produzir na sua mente um pensamento semelhante ao que surge, tanto quanto seja o grau de sua receptividade. Sem dúvida, o poder e a ação dominante das ondas mentais e formas-pensamentos projetadas por alguém, variam conforme a força de vontade de quem as emite, enquanto também se enfraquecem tanto quanto mais longe estiverem de sua fonte original.

A onda de devoção, emitida por pessoa contrita em sua fé, também desperta noutra pessoa, propícia a tal sentimento, um estímulo de devoção, o qual será tão forte qual seja a força da onda mental e a sensibilidade do seu receptor. Da mesma forma, uma onda mental de natureza especulativa também aviva, na pessoa receptora, impulso para transações comerciais.

PERGUNTA: — Que são formas-pensamentos?

RAMATÍS: — Enquanto as ondas mentais transmitem mais propriamente os sentimentos, as divagações e reminiscências de especulação propriamente psíquica, as formas-pensamentos recortam figuras nítidas ou configuram símbolos de uma natureza mais objetiva e compreensível para os clarividentes. Através da onda mental, há casos em que o vidente bem desenvolvido chega a ver a pessoa que a transmitiu, enquanto que a forma-pensamento só se impõe por sua própria imagem.

O pensamento produz uma série de vibrações no corpo mental e este então projeta uma porção de si mesmo, em perfeita conexão com a matéria mental circunstante. Desse fenômeno, gera-se uma forma-pensamento simples e pura, cuja configuração, radiação, vitalidade, brilho e colorido perduram tanto quanto seja a força ou a convicção de quem a emite.

A forma-pensamento, também conhecida por elemental ou elemental-artificial, lembra uma entidade vivente, temporária, mas dotada de intensa atividade e animada pela ideia-mater que a gerou. É um produto da própria alma, mas nutrida pela essência elemental vivificante e eletrônica do corpo. Quando maligna, move-se implacavelmente para impor-se sobre a pessoa escolhida para vítima e alimenta-se pela força do ódio, inveja, cólera, despeito, ciúme ou vingança, que encontra em sua trajetória até arremessar-se no seu alento vital selvático. É tão obstinada como a semente lançada no seio da terra, que germina, malgrado a sufocação do solo, e a ação destruidora dos vermes, que tudo fazem para devorá-la!

A forma-pensamento constitui-se de matéria sutilíssima, embora para alguns seja um produto fantasioso, pois, além de sobrecarregado de substância mental-astralina fortemente vitalizada pelo éter-físico, que se escoa pelo duplo etérico humano, também se impregna da eletricidade e do magnetismo biológico da criatura. Eletrizando-se no seu curso benéfico ou maléfico, ela atinge o objetivo qual dardo criador ou destrutivo, valendo conforme a intenção e o poder de quem a projeta.[19]

---

[19] Vide a obra *Formas de Pensamento*, de A. Besant e Leadbeater, **EDITORA DO CONHECIMENTO**, de São Paulo. Também a obra *O Homem Visível e Invisível*, de Leadbeater, da mesma editora. Vide o capitulo XII, "Clarividência e Clariaudiên-

Assim, entre os três bilhões de encarnados e o dobro de desencarnados em intercâmbio incessante através do pensamento à superfície da Terra, a aura do orbe parece o centro de imenso oceano etérico, vaporoso e cintilante, alimentado pelas fabulosas energias que transmitem e refletem as formas-pensamentos dos homens, lembrando verdadeiros cardumes de peixes fantasiosos, coloridos ou pétreos! As mais absurdas e inconcebíveis configurações mentais atritam-se e encorpam-se para projetar-se em várias direções, arrastando inapelavelmente formas semelhantes. É um turbilhão de ondas mentais propagando-se em todos os sentidos e formas-pensamentos entrecruzando-se e buscando pouso incessante na multiplicidade das mentes que compõem a consciência coletiva da humanidade! Há uma riqueza de cores formosas e fascinantes, porém, que jamais se misturam ou se fundem à massa de tons escuros, repulsivos, irascíveis e pegajosos do submundo mental!

PERGUNTA: — Quais os motivos que determinam essas cores do pensamento?

RAMATÍS: — De conformidade com as leis transcendentais, que regem o mundo mental, a qualidade do pensamento determina-lhe a cor; a natureza do pensamento compõe-lhe a forma; e a precisão do pensamento determina-lhe a configuração exata. As cores do pensamento são fundamentais e jamais desmentem a sua cromosofia peculiar, isto é, o pensamento de amor ou de paz, de ódio ou de guerra, possui sempre a mesma tonalidade colorida, quer seja produzido por um europeu, asiático, africano ou latino. Isso acontece porque a Mente Divina, em qualquer latitude cósmica do Espaço, fundamenta a mesma cor do pensamento e interpenetra todos os interstícios da mente humana. Os pensamentos, além de nutridos pela substância mental, também impregnam-se do fluido astralino que no momento nutre sentimentos semelhantes.

Assim, em qualquer ponto do Universo, a cor clara e límpida sempre decora os pensamentos de amor puro; o

cia", da obra *Nos Domínios da Mediunidade*, de André Luiz, edição da FEB, p. 104, que assim diz: "Ideias elaboradas com atenção geram formas, tocadas de movimento, som e cor, perfeitamente perceptíveis por todos aqueles que se encontram sintonizados na onda em que se expressam".

branco-prateado fundamenta os sentimentos messiânicos; o azul-celeste identifica a elevada emoção religiosa, enquanto o esforço mental para produzir raciocínios elevados e benfeitores à humanidade, sempre ressalta um formoso matiz amarelo e de ouro chispante, que é a cor do intelecto sublimado. As formas-pensamentos sublimes e benfeitoras são sempre límpidas, translúcidas e formosas, enquanto as formas-pensamentos produtos da mente subvertida e alimentadas pelas energias inferiores mostram-se obscuras, pétreas e oleosas.

Infelizmente, devido à graduação primária da humanidade terrena, em geral, ainda predominam na aura humana as cores escuras, viscosas e densas, como resultantes de pensamentos nebulosos e próprios das mentes mal desenvolvidas.

PERGUNTA: — Em face da complexidade do assunto, poderíeis dizer-nos como se constituem as formas-pensamentos?

RAMATÍS: — Quando um homem pensa num objeto concreto como uma casa, um livro, um pássaro ou paisagem, ele constrói uma diminuta imagem de tal objeto na substância de sua mente ou corpo mental. Assim, quando o pintor, o cientista ou o escultor imaginam alguma criação para o futuro, eles projetam, para além de si, a forma-pensamento do que pretendem criar no mundo exterior da matéria. Sob a lei de afinidade e correspondência vibratória, essas formas-pensamentos vagueiam até encontrar um campo mental semelhante e então passam a atuar com insistência até incorporar outras formas-pensamentos afins. Daí, os acontecimentos desairosos, que por vezes acontecem na Terra, quando certas descobertas ou invenções surgem simultaneamente em mais de um cérebro humano, dando azo a mútuas censuras de plágios.

O novelista, o poeta e o escritor não só criam os seus personagens quando eles os imaginam, como ainda os impregnam de sua força e vivência mental; depois, os movimentam em suas obras como bonecos vivos, comandando-os pela mente criadora a seu bel-prazer, daqui para ali. Embora se trate de imagens ou personagens criados mentalmente, de existência física fictícia e podendo durar muito pouco tempo no campo espacial da mente do orbe, eles ficam sob a dependência do potencial da matéria mental de quem os criou. As imagens ou formas-pensamentos criadas pelos homens, às vezes, são tão vigorosas e perfeitas, que em certos trabalhos espiritistas, umbadistas ou esotéricos, onde o ambiente mental e psíquico se torna hipersensível, os videntes mal desenvolvidos chegam a confundi-los com espíritos desencarnados, o que não passa de um fenômeno de ideoplastia mental.

Em trabalhos de hipnotismo é possível conduzir-se o *sujet* a ver numa folha de papel as formas-pensamentos criadas simultaneamente pelo hipnotizador, e que então, lhe parecem objetos físicos e reais. Há personagens criados pelos seus autores, sob tal vitalidade e incessante nutrição mental, que permanecem na esfera da vida de todos os povos e destes ainda recebem mais alimento mental, espantando certos espíritos recém desencarnados, que ficam boquiabertos revendo vivos no Espaço os personagens de um mundo de fadas![20]

PERGUNTA: — Como se explica que os pensamentos lançados para além do indivíduo que os produz ainda possam causar-lhe influência pessoal?

RAMATÍS: — Lembramos-vos que no estado presente de evolução humana a maioria dos pensamentos dos homens ainda estão centralizados neles mesmos, porque são fundamentalmente egoístas, e só circulam em torno dos seus próprios autores ou pensadores, formando-lhes uma espécie de couraça ao redor do seu corpo mental. Quando tais pensamentos são mórbidos, odiosos, tristes ou coléricos, eles criam preocupações aos seus próprios autores, pois avivam-lhes os estados emotivos de melancolia, inquietação e desespero, justificando-se a velha lenda de que o "feitiço sempre se volta contra o próprio feiticeiro"!

Sem dúvida, os pensamentos heróicos, decididos, animosos e confortantes, também incentivam as mentes sob tal vibração, pois influem incessantemente na propagação de ideias semelhantes. No entanto, os produtos mentais vigorosos, que depois geram vinganças, crimes ou suicídios, são

[20] Assim são as histórias de *Branca de Neve e os 7 Anões*, *Chapeuzinho Vermelho*, *O Gato de Botas*, *Pinóquio*, *Cinderela* e outras, que fizeram as delícias de nossa infância, cujos personagens ainda permanecem em nossa mente como criações vivas e indestrutíveis. Vide o capítulo "Vidência Ideoplástica", da obra *Mediunismo*, de Ramatís.

verdadeiros enfeitiçamentos mentais que chegam a impelir outras criaturas a cometer iguais desatinos.

PERGUNTA: — Como se explica isso?

RAMATÍS: — Certos tipos de crimes, suicídios ou acontecimentos trágicos criam formas-pensamentos tão vigorosas, nítidas e duradouras, que chegam a induzir outras pessoas sintonizadas na mesma faixa vibratória, a praticarem atos semelhantes. Eles seguem a mesma linha trágica de ondas e pensamentos que deram origem e eclosão aos acontecimentos funestos ocorridos anteriormente. À semelhança das ondas hertzianas, essas formas-pensamentos vagueiam e convergem para o primeiro aparelho mental sintonizado na mesma gama vibratória ou semelhança de pensar.

O homem vacilante, mas sob o impulso incontrolável do ódio, que pensa em matar o desafeto, ou ainda num suicídio desesperado, mas falta-lhe a coragem para cometer tal desatino, pode captar o mesmo impulso mental alucinatório de outrem e fortalecer a sua ideia macabra pela sugestão e influência alheia. As formas-pensamentos que alimentaram os fatos trágicos terminam por preencher o hiato de vacilação mental, impelindo o imprudente, que é ainda vítima de suas próprias emoções, a praticar o crime ou a sua destruição. Na verdade, esses pensamentos mórbidos não matam, mas fortalecem e empurram outros pensamentos semelhantes a acionarem a criatura que se deixou auto-hipnotizar por qualquer intenção desesperada.[21]

PERGUNTA: — Essas formas-pensamentos podem durar muito tempo?

RAMATÍS: — A existência da forma-pensamento depende precipuamente da vitalidade mental ali acumulada e da força de impulsão de quem lhe deu origem. Há formas-pensamentos que têm a duração de uma bolha de sabão, enquanto outras persistem meses, renovando-se mental e continuamen-

---

[21] Em Curitiba, além de outras observações pessoais, verificamos que no prazo de 49 dias, que os ocultistas consideram astrologicamente perigoso para a eclosão de acontecimentos semelhantes e trágicos, ocorreram os seguintes fatos de características extraordinariamente semelhantes: três suicídios de pessoas que se atiraram de sacadas, mas antes haviam tentado o suicídio e falhado; três mortes de jovens vítimas da estúpida roleta-russa; três mortes a pauladas e três esposas frustradas na tentativa de matarem os maridos.

te pela adesão ou incorporação de outras formas-pensamentos semelhantes.

Atualmente, já não se opõe dúvida de que os pensamentos são elementos tão poderosos como é a luz, o calor, a eletricidade e outras manifestações de energias inferiores. No futuro, tal qual acontece noutros planetas de vida humana superior, as criaturas serão educadas de modo a utilizar-se do pensamento, assim como hoje ensina-se nas escolas as crianças a bem se utilizarem das mãos. O pensamento, usado inconsciente e tolamente, é arma que se volta contra o seu próprio autor, pois ele é realmente fonte que germina, condensa-se e revigora-se, retornando à fonte de que é lançado. Assim, o pensamento de amor sobre a criatura que nos tem feito mal, é como um refrigério, que lhe cai na mente apaziguando-lhe a raiva, o desespero e ajudando-a à sensibilização espiritual superior. Mas a energia mental dosada pelo ódio é como a ave feroz que voa num ímpeto destrutivo. A força do pensamento e o vigor da emoção também determina a forma mental e o seu tempo de vida, como uma entidade separada do ser. Mas deforma-se numa configuração instável e sem qualquer tom de beleza, manifestando-se como nódoas repugnantes e mórbidas, quando interpreta desejos, paixões e emoções predominantes do mundo animal.

PERGUNTA: — Os encarnados poderiam ver os pensamentos?

RAMATÍS: — Há médiuns e ocultistas bem desenvolvidos ou clarividentes inatos, que podem ver os pensamentos; outros os sentem; e, no futuro, a ciência poderá pesar e identificar os pensamentos através de instrumentação de elevada precisão. O pensamento é tão real como o ar que nos rodeia a vida material. Comumente, a sua forma sutil, invisível e de aparência nebulosa, lembra um vapor de água, que varia na cor, densidade e na sua conformação característica, em perfeita sincronia com o temperamento e o poder do homem que pensa. Quando os pensamentos são emitidos com veemência e nutridos por aquela "fé que remove montanhas", da enunciação do Amado Mestre Jesus, eles então absorvem boa quantidade de prana ou fluido vital, que mais fortifica a contextura benéfica ou maléfica que lhes deu origem, multiplicando-lhes a ação em curso para determinado objetivo. Os pensamentos emitidos por diversas pessoas, visando incessantemente à mesma finalidade num certo ambiente, terminam por dar-lhe uma cor ou tom mental, facilmente reconhecido pelas pessoas mais sensíveis.

PERGUNTA: — Poderíeis exemplificar-nos a respeito?

RAMATÍS: — Há profunda tendência dos pensamentos emitidos por certas pessoas de atraírem-se e combinarem-se a outros pensamentos de natureza semelhante, resultando um aumento de força além do produzido pela sua fonte original. Assim, os pensamentos misturam-se e combinam-se entre si, deixando a sua marca característica nos lugares onde são aglomerados, compondo uma egrégora ou aura constante do que ali se pensa frequentemente.[22]

Os lugares, assim como as pessoas, conservam as peculiaridades e características, boas ou más, depressivas ou vitalizantes, agradáveis ou desagradáveis, que são produto da soma dos pensamentos ali entretidos durante muito tempo. Há grande diferença entre o ambiente sedativo, inspirativo e acolhedor da quietude de uma igreja, em contraste com a atmosfera nauseante, mórbida e coercitiva de um matadouro! As pessoas que penetram numa igreja ou templo religioso, embora não sejam prosélitos de tais religiões, não conseguem fugir a um estado de espírito reverente, pacífico e altamente emotivo, que ali se exsuda da soma dos pensamentos e sentimentos das pessoas frequentadoras, causando impressões mentais superiores. No entanto, ninguém sentiria a mesma emoção no ambiente de um matadouro, embora esteja limpíssimo ou enfeitado com as flores mais belas! O ar ambiental do mais estético e moderno hospital modifica o nosso pensamento logo à entrada, não pela sua função material, mas devido à atmosfera mental triste, melancólica e de dolorosa expectativa, que emana dos enfermos tomados por suas dores e apreensões negativas. O ambiente da penitenciária provoca repulsa, depressão e estímulos inferiores contundentes, devido ao aglomerado mental pernicioso, que ali é emitido

---

[22] Egrégora é uma forma mental coletiva alimentada pelos pensamentos semelhantes; ela nasce, cresce e amplifica-se conforme a alimentação incessante de pensamentos sob o mesmo diapasão mental.

incessantemente por facínoras, tarados, ladrões, viciados e malfeitores.

Há aldeias, cidades e nações, que nos despertam simpatia ao sentirmos a sua atmosfera mental; outras, no entanto, embora mais progressistas e fascinantes, desagradam-nos à primeira vista, porque sentimos a composição hostil dos pensamentos de seus moradores. As cidades novas são estimulantes e otimistas, assim como a juventude; mas as metrópoles envelhecidas e condenadas ao desaparecimento breve, traem a sua imanência mental pessimista.

As pessoas costumam dizer que gostaram do "ar" desta ou daquela cidade, deste ou daquele povo e, inadvertidamente, estão realmente referindo-se ao espírito ou egrégora mental da mesma. Esse ar peculiar agradável ou desagradável é como o calor que persiste num aposento mesmo depois de extinto o fogo; ou o perfume que continua fragrante na sala, após retirarem o frasco ou as flores que ali estiveram.

As ondas do pensamento projetam-se lenta ou violentamente, fraca ou fortemente, construtiva ou destrutivamente, segundo os sentimentos e as emoções que as geraram. Os pensamentos de amor, candura, tolerância, comiseração, piedade, júbilo, ânimo ou renúncia, impregnam-se de fluidos vitais de um elevado energismo, manifestando-se em cores claríssimas e fascinantes, como o rosa, azul-celeste, verde-seda, amarelo-translúcido, carmim e lilás, que ainda se tornam mais belas quando agregadas a outros pensamentos semelhantes. No entanto, quando são gerados por sentimentos de cólera, ciúme, inveja, vingança, avareza, ódio, luxúria, egoísmo, irascibilidade, crueldade, desespero, maledicência ou desânimo, poluem-se durante a sua trajetória incorporando outros produtos mentais inferiores e degradantes, que aumentam o seu teor original.

O HOMEM ASTRAL E MENTAL

foi confeccionado em impressão digital, em outubro de 2025

Conhecimento Editorial Ltda

(19) 3451-5440 — conhecimento@edconhecimento.com.br

Impresso em Luxcream 80g – StoraEnso